二次增长：

企业如何破茧而出

吴海青 ◎ 著

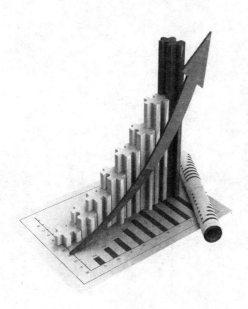

中华工商联合出版社

前言
PREFACE

如今，谈"创业"的人越来越多，但真正创业成功的人却很少。一部分人仅仅将创业挂在嘴边，缺乏付诸实施的勇气和决心；一部分人尽管雄心勃勃地投入到创业队伍中，到头来却铩羽而归。

如何才能在创业形势日益艰难的情况下更好地进行创业？有一个关键的环节不容忽视，那就是创业策划。

常言道：好的开头就是成功的一半。创业要想成功，首要的工作就是要做好创业策划。

创业策划不仅仅是一个"点子"，"点子"是策划的源头，但只有点子不行，还必须要根据点子规划处一套战略，一套"组合拳"。

处于创业阶段，或者准备开展一项新的经营项目时，会面临大量繁杂的工作与各种各样的问题，例如：如何开展对市场的调研、融资、选址，怎样注册、交税、招募人员、吸引顾客等等。这个时候，就需要科学而完备的创业策划，对你的创业设想进行科学的分析与安排，对其中的风险进行预估和防范。

为了支持创业者的创业激情，以及减少创业风险，我们编写了本书，希望通过降低风险，提升成功的可能性来帮助新的创业者开创事业，因为每一个经历过创业的人都明白，创业的道路坎坷而曲折。

本书具有观点新、角度新、资料新的特点。内容深入浅出，针对性很强，对广大创业者具有重要的现实指导意义。

目录
CONTENTS

第九章　增长中的高新技术产业

Chapter 1
第一章

创业永不停歇

　　企业在取得高速增长之后，为了谋求进一步的发展，需要进行内部变革，这个变革的过程叫二次增长。二次增长的实质是企业发展到一定阶段所进行的战略转型，是企业真正意义上做大的重点与难点。

调整企业内部利润

你如果要推行一项改革计划，首先必须得到大多数人的支持。只有企业内部形成团结的氛围，改革才有可能成功，否则就会半途夭折。进行二次增长的企业所面临的很大一个问题就是内部不团结。造成不团结的主要原因是由于目标不明确、管理不规范而使各部门、各阶层、各人的利益基础不明确，不同利益团体发生了利益分配上的冲突。

企业中有些是经营者的亲朋好友，有些是曾经做出过特殊贡献的人，有些是企业发展过程中招募并培养的杰出人才等等，他们各自都有不同的价值观和需求，当个人利益受到损害的时候，必然就会降低工作的积极性。

四通集团曾提出"要让整个系统成员的利益和系统利益高度一致""把大家的利益基础分开"，其实就是对企业内部利益基础的调整。所以实施二次增长的第一个难点就是企业内部利益的调整。

企业利益调整关键在于两点：一个是企业成员获得报酬、奖励等待遇的前提条件应该是对实现企业整体利益所做出的贡献，这其中包括所拥有的企业资产、工作的成果、对所处业务流程的贡献、所在部门的效益等；另外一个是获得晋升的条件应当是根据个人的知识、能力和素质。职务的高低要与责任、权力相一致，而报酬、奖励应与贡献一致。

调整利益基础是一件伤筋动骨的事情，错综复杂的人情关系会使这项工作难以开展下去。促成的关键是要转变观念，不仅是你一个人，企业其他各类人员也都必须转变观念，改变过去所习惯的"人情关系大于一切"的思想，从注重眼前利益向注重长远利益转变，认识到组织是一个利益共同体，从而将集体利益和个人利益统一起来，推动有利于企业长远发展的利益进行调整。

谨慎选择投资产业

当你在一次创业中选择产业的时候，你盲目性往往很大，但这种盲目性并没有使企业陷入困境，因为当时市场处于严重短缺之中，什么都缺，企业几乎是选择任何一种产业都可以有发展。然而这种盲目性仍能给你带来商机的可能性现在已经不存在了，特别是我国加入WTO后，市场的竞争已呈现白热化，所以企业选择二次增长的投资产业时，必须要走向自觉性。

要达到产业选择的自觉性，你必须处理好以下关系：

（1）处理好企业与市场的关系

你要明白现在是市场创造企业的辉煌，而不是企业创造市场的辉煌。企业能不能搞好，关键是市场。市场好了企业就好，市场完了，企业就完。

（2）处理好企业与宏观经济发展的关系

你要非常熟知企业的未来，观察经济的走向。如果不了解，企业瞎忙一气，最后问题可能就大了，一定要注意这一条。有的企业的发展不注意宏观经济关系，最后肯定会出问题。

（3）处理好企业的主业与多元化经营的关系

多元化投资与多元化经营不是一个概念，投资可以多元化，但经营多元化是不可取的。就是企业的主要产业及产品到底是什么？要弄清楚。

现在许多企业根本不考虑自己主业的优势，最后乱投资的结果就是把自己搞垮了。近几，年很多有名的企业垮台，垮在哪里？就是因为没有处理好主业与多元化的关系。觉得哪个能赚钱，就进去；哪个能赚钱就干哪个，根本不考虑其他问题，最后把自己全部套死。

广东珠海史玉柱办的巨人集团就是典型的例子。他是搞电脑的，最后进了那么多产业，后来都套死了。所以，外国人讲，中国的企业都避免不了"青春病"，即盲目性冲动太大，结果得了"青春病"，就按捺不住，最后使自己的产业选择失误。

（4）处理好进入壁垒与规模经济的关系

有时尽管产业很好，但是进入资金壁垒很高。进不去就别进，勉强进去的都处理不好资金壁垒与规模经济的关系，以及处理不好债务与资本金的关系。因为资金壁垒很高，要求资金量很大，勉勉强强进去了，最后达不到那个资金量，只能搞个小的，一搞小的，就不符合规模经济的要求。要达到资金需要量，就要借债，结果资本金与债务的关系处理不好，债务过大也是死路一条。

另外，一旦进入资金壁垒很高即资金用量很大的产业，企业的资金量不够就要借钱，所以常常处理不好资本金与债务的关系。在二次增长的投资过程中，资本金一定要达到一定的程度，否则，企业就活不了。

但是，许多经营者都不注意这一条，只要你敢给我贷款，我就敢干，结果都要倒霉。西方国家的投资者，即使银行敢给企业贷款，但企业资金达不到比例，他根本就不会去投资。我国的许多企业则不是，只要有人贷款给钱，不管自己资本金是否达到应有的比例，就轻易草率地进去了。

（5）处理好进入成本与退出成本的关系

有时进去是容易的，但能退出来吗？如退出成本很高，千万不要进去。现在大量的企业，不考虑退出成本，最后是发现失误，哭爹喊娘也出不来。有位专家形象地说，最近企业资产重组很快，重组非常好，但是要注意，中国现在缺乏一个资本市场，在重组上是好吃难消化，所以叫作"只有食堂，没有厕所"。

而且，食堂的饭菜很便宜，引诱你吃，吃完以后，你拉不出来，会把你憋死。这就是退出成本太高。过去中国人选择产业，只考虑进，不考虑出。现在不仅要考虑进，还要考虑怎么退，这也是最为关键却都往往被忽略的一条。

进行多元化经营

企业多元化经营的核心是资源共享和风险分散。如果不具备一定的前提条件，盲目地开展多元化经营，或者为了赶时髦、凑热闹，不仅搞不好多元化经营，而且还会浪费资源，降低经济效益。通常，进行多元化经营，除了应具备人、财、物、信息等经营资源必需的基础条件，还需具备技术、市场、管理等方面的运行条件。

（1）需具备关联度高、协同性强的生产技术

与本行业或主导产品的各项技术或生产技术紧密关联，具有一定的相似性，以此为基础，利用原材料的共同性、设备的类似性，来开发异质产品，拓展异质市场，就可以取得技术上的乘数效应，因而有利于大批量生产，形成规模经济效益，进而取得产品质量、生产成本方面的竞争优势。

如电子元器件厂，向生产通信工具方面发展多种经营；玻璃厂向生产玻璃器皿、眼镜等方面开展多种经营，都可能因研究和生产技术上高关联度与相似性，而取得各种经营优势及较好的经济效益。技术条件的另外一个方面，就是协同性，即多元化经营的各种产品的设计技术、产品开发技术和应有的协同作用。

也就是说各项技术之间应有一项或几项核心技术贯彻于经济活动，利用

核心技术的统一协调功能，可以大大减少新产品研究的开发费用，并能提高新产品的成功率。

（2）具备较高的市场支配能力和市场适应能力

在某一特定产业中，你企业产品的市场占有率高，你对市场的支配能力就强，从而其对产品的市场价格影响力就大，同等情况下就可以获得超额利润。因而相对其他竞争对手或其他产品而言，就具有较大的竞争优势。

主业兴旺，具有较高的市场支配能力，就可以以主业为依托，积极开展多元化经营。否则，多元化就失去了其应有的市场基础，一旦多元化经营产生困难或失败，企业就没有退路可言。如果说市场支配能力是对主业产品市场要求的强化，那么，市场适应能力就是对多元化经营中新开发的外业产品的市场要求。

新开发的外业产品，从投放市场，到成长期、成熟期、衰退期，都必须具备适应不同的消费层次、不同的价格战略、与不同产品之间的平衡能力、不同的产品差别化能力、不同的销售网络及不同的营销策略等多方位的适应性和组织能力。因而，多元化经营的企业，必须发掘新的成长机会，积累经营资源，以使新开发的外业产品能在较短的时间内获得较高的市场适应能力。

（3）应具有分散风险的产品组合

分散市场经营风险，是推行多元化的主旨，也是多元化经营的基本功能。能否达到分散风险的目标，关键在于你能否设计、开发出适应市场需要的产品组合。据此，就可以使企业经营风险最小，效益最大。

从经营学的角度讲，企业应选择在价格波动上呈负相关关系的产品组合；而高度相关的产品组合，分散风险的能力弱，甚至不利于分散风险。因此，从事多元化经营的企业，就应努力避免高度相关的产品组合，以利于企业降低经营风险。

（4）应具备经营管理上的协同功能

现代科学告诉我们，两个相关的事物有机地结合在一起，会产生大于其简单之和的"不等式效应"。多元化经营亦然。新老产品、新旧市场、生产管理与市场营销、市场与技术等各个领域、诸项要素，存在着一定的内在联系，具有一定的资源共享性。若把它们有机结合起来，就会产生一定的协同，互促效应，而且其功效将远远大于各要素的独立作用。

为此，推行多元化经营的企业，你必须组织起经营管理、生产、市场营销、技术等方面及其相互之间的协同性，以发挥其应有的不等式效应。如在经营管理上，你对所生产的产品或经营的业务，在经营决策的基准上应大致相同，对管理的方法或手段的安排应趋一致，这样你就可以充分而有效地利用企业经营主业时积累下的经营管理经验和知识，去开发新产品，拓展新市场。

在生产上，要尽量做到新老产品之间，在生产技术、生产设备、原材料和零部件的使用上具有共享性，从而减少投资，节约生产成本；在市场营销上，你要尽量做到相互关联，即要使新老产品的销售有相互促进作用，形成相对稳定的统一市场等等。

应当注意的是，分散风险的产品组合与经营管理上的协同功能，存在着一定的矛盾性。在具体操作上，你应视具体情况有所侧重和兼顾，根据不同的企业、不同的产品、不同的市场环境，采取不同的具体对策，以处理好两者之间的辩证关系。

从我国目前多元化经营的实际情况来看，之所以出现了许多运作误差，主要是由于两方面原因：一是缺乏科学的论证，选择了不适应自身情况的多元化经营模式；二是外部环境不佳，缺乏必要的宏观配套措施。所以，矫正多元化经营之偏差，就应针对产生偏差的病因，采取如下可行之对策。

（5）分清主外关系，做到产品、技术、市场互补

多元化经营必须以企业充分发展、且以形成必要的共享性资源储备为条件。主业不兴，外业肯定不旺，盲目进入，必然经营失败；不突出主业的主导地位，甚至把主外关系颠倒，其结局必然是主外皆损。

一些多元化经营较为成功的企业，其经验也是推行了"主业为主，外业为辅"的发展战略，才取得了"主业精、外业兴"的成绩。如，上海宝钢（集团）公司，在推行多元化战略时始终"以钢为纲"，在突出主业的同时，充分利用资金、技术、人才、市场等多方面共享性资源，组建了跨国、跨行业的贸易总公司，涉足金融领域、发展制造业和运输业等，取得了很好的经营效果。

多元化经营还应在产品、技术、市场等方面形成互补效应，缺乏互补效应是造成目前许多企业多元化经营运行偏差的重要因素。产品、技术、市场等要素互补联动，就可以使多元化经营的品种或领域互相促进，互为发展前提，彼此以经营管理为依托，就可以节约经营管理费用，增加企业整体优势和竞争能力。

（6）加强自我约束，科学选择多元化经营模式

企业能否从事多元化经营，多元化经营应发展到何种限度？这是由必要的前提条件所决定的，包括企业的硬资源条件和软资源条件。有了内部自身条件，还需外部环境条件。不顾自身条件，去盲目地赶时间、做表面文章，最终吃亏的还是自己。

在进行多元化决策时，应强调企业的自律性，加强自我约束、自我控制能力。同时，在推行多元化经营前，应在科学论证的基础上，选择合适自身情况的具体发展模式。

（7）运用市场机制，正确处理多元化经营中的各种关系

多元化经营中的各种关系，包括：

①多元化经营与体制改革的关系。多元化经营为经济体制、企业管理体制改革提供了有利的契机，应按照市场经济规律规范和指导多元化经营，使多元化经营一上马就建立在新体制上；对于主业与外业的管理关系，应用现代企业制度的基本要求去规范。

②多元化经营与增长方式转变的关系。企业推行多元化经营，寻求新的

经济增长点，一定要符合转变经济增长方式的要求；外业的发展要充分利用现有资源优势，尤其是技术、市场、管理优势，使多元化经营走出一条低投入、低消耗、高产出、高效益的集约型增长之路。

③多元化经营与产业结构调整的关系。如果企业所经营的领域属于衰退产业，多元化经营就应选择横向多元化发展模式，开发相关度小的产品以分散经营风险，同时也利于产业结构调整和产品升级换代。

④多元化经营与集团经营的关系。一个有趣的新动向是20世纪80年代.以后，在美国又出现了企业经营重新集中化即非多元化经营的新趋势，单一经营的企业已超过多元化经营的企业。

多元化经营与集团化经营的交替发展，说明企业经营发展战略本身并不存在孰优孰劣、孰好孰坏的问题，它只是一种手段，采用何种经营战略取决于企业自身的主客观条件。同时，我们认为，多元化与集团化是可以结合的，即多元化提出了集团化的要求，通过集团化得以实现；集团化又为多元化的发展提供了有效途径和发展模式。

创业新手必读的三个忠告

一些创业新手往往是冲动多于理智。见到别赚大钱，也就痒了，以为自己只要做，也一样也赚大钱，于是不顾一切"下海"，却大都以失败告终。

企业，特别是新手创业，至少要建立在内行、喜欢以及优势这三个基础之上。否则创业难以成功，并且就算侥幸成功，也难以做到永续经营。

1. 内行

一般来说，创业往往需要通用知识与专业知识。通用知识包括各种通用的管理知识、营销知识、各种基本的市场经济常识等。这些知识适合所有的行业。专业知识则是特定行业的知识，这种知识仅仅是特定行业所独有的。例如，餐饮业中大厨师的烹饪知识与技巧，服装的生产技术、款式、色彩、流行资讯、面料知识等。

核心专业知识是赚钱的基础。在特定生意中，专业知识有特定的核心专业知识。两家相邻的店面，经营同样的服装生意，所有的营销措施类似，但一家赚钱，一家赔钱。原因在于两家老板进货的眼光有差异。

赚钱的老板进的货通常适销对路，受到消费者的欢迎；赔钱的老板则追求新奇款式，结果他进的货销量平平。因此，开服装店的核心专业知识就是进货的眼光，包括个人的品位、流行的资讯、供应渠道、对消费者的理解等。

2. 喜欢

对创业的行当光内行还不够，还需要热爱。只有内行，才能如鱼得水；只有热爱，才会全身心地投入。

亚里士多德曾说：想要成功的人，必须懂得多问几个基本问题。

如果你希望独自开创一番事业，你需要回答以下几个基本问题：

——我的事业能让我感到乐在其中吗？

——我的事业方向和我的价值取向一致吗？

——这门生意符合我的生活方式吗？

如果你痛恨早晨，那么你千万别开面包屋；如果你对草皮过敏，那么你千万别开庭园设计所。

3. 优势

在某一行业中，创业成功或失败的概率在很大程度上取决于进入该领域的难易程度。进入某一行当越容易，竞争就会越激烈，失败的可能性也越大。

现在的创业者面临着一条狭窄的道路。一方面，某些行当虽富有吸引力但却难以进入，在这些领域里，竞争会稍缓和一些。还有许多行当非常容易进入，如果大家都能够毫不费力地进入这一领域，大家都将无利可图，即使这一行业曾经利润丰厚。

以下是一些与生意成败有关的因素：

（1）资金

用于购买（或租用）企业经营的场所和设备；

用作运营资本；

用作开业费。

（2）专有技术及诀窍

技术上的；

营销上的；

管理上的。

（3）法律事项

许可证；

专卖证；

排他性合同；

版权。

（4）地理位置因素

战略位置。

（5）营销

品牌名称；

有效沟通；

已有的消费者基础；

分销渠道。

（6）对关键原材料的控制

（7）低成本生产设施

你如果不具备以上的一项或几项战略优势的话，你新创的生意将面临激烈的竞争和微薄的利润。其中的一些因素如资金，对小生意来说难以构成保护，而另外一些因素则为小生意把握自己的命运提供了难得的机遇。

例如，对专利、商标和版权的保护使其拥有者能够减少竞争。无论这些所有者是否参与了对该商品的生产，他都处在"收费站"的位置，能从被保护对象的收入中获得分成。

第二章

紧跟时代步伐

小米科技创始人雷军说过：站在台风口，肥猪都能飞起来！他说的意思是做生意要顺势而为。人作为社会中的一分子，力量之渺小，犹如大河中的一滴水珠。社会发展的潮流，以它无法抗拒的力量裹挟着每一个人前进，个人只有努力调整自己的方向去适应潮流，方能在自己有限的人生里掀起几朵漂亮的浪花。因此，我们在寻找创业商机时，一定要将社会发展的大势纳入考量的重点。

眼光独到看得远

企业如下棋，高明的棋手，能以独到的眼光统观全局棋势，能看出以后许多步棋的步法。当然，"棋艺"的高明不是天生的，而是靠辛勤的练习、观察和思考得来的。

只顾眼前利益的人，只能走一步算一步。这种人若不逐渐拓宽自己的视野，很难成为一个真正成功的企业家。有一个真实的故事，发生在美国。一个很穷的叫亨特的男青年真心实意追求一位名叫哈斯特的女子，但哈斯特的父亲却不同意女儿嫁给他。

一天，亨特勇敢地向哈斯特的父亲求婚，但得不到答允。这位父亲很不客气地对这位穷青年说："市场这么大，遍地是黄金，只有懒惰的人才会一贫如洗。如果你有本事，请在十天内赚1000美元给我看看。"

当时穷得连10美元也难以找到的亨特，为了争一口气，开动脑筋，整天整夜地思考赚钱的事。他苦思了几天之后，终于想出了用一小段小铁丝做成别针的小发明。亨特在大功告成之后，到专利局申请了专利，并很快把专利卖了出去，果真在十天之内赚到了1000美元。

于是，他高兴地去见哈斯特的父亲，把怎么赚回1000美元的事一五一十地告诉他，心想这次一定大功告成。谁知哈斯特的父亲听完后不但不高兴，反而生气地说："你这个傻瓜！你怎么能把一个有价值的专利轻易地卖掉呢？那足可以值上百万美元的。你这么没有头脑没有眼光，哈斯特怎么能嫁给你呢？"

这个充满戏剧性的故事带给企业者这样的启迪：企业是一门学问，只有眼光独到，看得深远，才容易发现赚钱的目标。

从来没有人想到，小小的纸盒也能赚大钱。赚惯大钱的东京人，对做纸盒这样的小生意，向来是不屑一顾的。特别是书套纸盒这类玩意儿，价格低廉，又没多少油水。

所以，纸盒行的老板们一向不插足这玩意儿，把它推给书籍装订商；而书籍装订商也一脚把它踢给了纸盒行：你以为你聪明，我也不比你傻。

这书套纸盒太难做了，外观要求高雅漂亮不说，特别是尺寸要求不像水果包装盒那么宽松，也不像糕点盒那样留有较大的余地。

它必须要求书籍跟书盒严丝合缝，吻合十分，稍有差异，那就是废纸一堆。所以大伙儿对做这玩意儿，都兴趣缺乏。

面对如此难题，日本东京有一个"傻瓜"却看到了创业的曙光。这"傻瓜"的憨傻之处，正是这一帮精明人疏忽之处。拿现在时髦的话来说，这正是一个市场饱和期的新的经济增长点。

既然大伙儿对书套纸盒避之唯恐不及，那么就说明这一市场空间没有任何人前来挤占。只要自己能好好把握住，就能大赚一笔。于是，这个叫长泽三次的年轻人出手了。

众人对书套纸盒兴趣缺乏，主要在于它的制作要求太高，耗时费工。即使自己掌握了诀窍，可是投入的成本太高，那还不是等于拿了个烫手的山芋？

可是长泽三次却想了个鬼点子，把这套烦琐的工序简化了，把难事变得简单了。他首先准备拿书套纸盒的制作程序开刀，将它予以分解。

他发现，整个看似烦琐的程序，只有1/10的部分需要熟练的技术，而其余部分，任何一个没有经过专业训练的家庭妇女都会做。

把握了这一关键，从此，这生意就属于他了。

一个独具慧眼的观察力，一个技术秘密的分解，使得人人退避三舍的行业变成了一个通过简单技术就能发财的热门行业。

不过，即使有人发现这是一门赚钱的生意也只能望而兴叹，因为，没人有长泽三次那样分解技术的能力。

没几年，一无所有的长泽三次便坐上了全日本书套纸盒业的第一把交椅。随着审美眼光十分苛求的日本人对书籍包装无止境的要求，长泽三次的公司行情也更加看涨。

由此可见，企业需要独到的眼光，要善于从平凡的事物中捕捉商机。据《史记·货殖列传》记载：秦末战乱之中，各方豪杰争取金玉，在一个姓任的"独窖仓粟"。以后，楚汉相战淮阳，"民不得耕种，米石至万，而豪杰金玉俱归任氏。"任氏致富的原因就在于他预测社会形势对商业的影响，所以取得成功。

又据《夷坚志》载：宋代绍兴十年七月，临安城烧起一场大火，一位姓裴的商人宁愿放弃自家在火灾区的店铺，组织人力四处采购建房材料。火灾过后，市场急需建房材料，朝廷给予免税优惠，因而裴氏借机经营建筑材料获得巨额利润，大大超过了自家店铺在火灾中的损失。裴氏正是因为眼光独到而因祸得福。

眼光不是天生就有，它建立在科学与理性的基础之上。要想练就一双识商机的慧眼，你首先需要研究以下四个方面。

1. 研究当前社会的热点

20世纪末，英国王子查尔斯准备耗资10亿英镑在伦敦举行21世纪最豪华的婚礼。消息一传出，立即成为社会热点。而精明的商人都绞尽脑汁，想趁机赚一笔。糖果厂将王子、王妃的照片印在糖果纸和糖果盒上，纺织印染厂设计了有纪念图案的各种纺织品，食品厂生产了喜庆蛋糕与冰激凌。

除此之外还有纪念章等各类喜庆装饰品和纪念品，就连平常无人问津的简易望远镜，也在婚礼当天被围观的人群抢购一空，众多厂家为此大大地赚了一笔。

社会在发展，热点会层出不穷，只要你留心观察，在你的周围每天都会有大大小小的热点和公众的话题。20世纪90年代，全国的申办奥运会热、亚运会热、香港回归热、足球热、股票热、房地产热等等热点不断，你所生活的城市和社会也会有局部的热点，如举办什么鲜花节、啤酒节、旅游节、经贸洽谈会、申办卫生城市等等热点及公众话题。

对政治家来说，热点是政绩和社会繁荣的象征；对普通市民来说，热点是景象，是热闹，是茶余饭后的话题；而对精明的商人来说，热点就是商机，就是挣钱的项目和题材。抓住热点，掌握题材，独具匠心就能挣钱。

同时，也要注意潜在热点的预测和发现，在热点还没有完全热起来之前，就有所发现，有所准备，在别人没有发现商机前，你能发现商机，就更胜一等。

拿出笔和纸，把你所感受到的当前的社会热点和潜在的热点一一列出，看一看与热点相关的市场，是否具有现实的、潜在的需求，这就是你挣钱的着眼点。

2. 研究大家都在做什么

如果你既缺乏本钱，又没有什么经商的经验，你不妨研究一上大家都在做什么，先随大流，也不失为一种切实可行的选择。看看市面上什么东西最畅销，什么生意最好做，你就迅速加入这个行业中去。

当然，别人做挣钱，并不见得你去做也挣钱，关键是掌握入门的要领。为此，不妨先给别人打工，向做得好的人虚心学习，学习他们经营的长处，摸清一些做生意的门道，积累必要的经验与资金。学习此行业的知识和技能，发现他们经营中的不足之处，在你自己做的时候力争加以改进。

你可以拿出笔和纸，把你所观察和了解到的、目前大家都在做的项目一一列下来，然后分析一下这些项目对你来说的可行性。

3. 研究生活节奏的变化

现代生活节奏越来越快，越来越多的人接受了"时间就是生命""时间就是金钱"的价值观念。快节奏的生活方式必然会产生新的市场需求，用金钱购买时间，是现代都市人的选择。精明的生意人就会看到这一点，做起了各种各样适应人们快节奏生活需求的生意。比如，在吃的方面，方便食品和各种快餐应运而生，其市场潜力十分巨大。

中国人口众多，随着人们生活水平的提高和生活节奏的加快，必然要求快餐食品品种更多，数量更大，服务质量更好，这方面市场拓展还大有文章可做；在穿的方面，由于生活节奏加快，人们偏爱随意、自然、舒适、简洁的服装，除非出席正式重要场合，较少穿着一本正经的西服。

在行的方面，拥有私家车对先富起来的人来说已成为现实，出租业已由城市向乡村发展，围绕着交通和汽车用品市场开展生意，前景也十分广阔；通讯业迅速崛起，各类通信工具不断更新，这方面的商品及服务需求也会不断增加。

另外，还可以围绕着适应生活的快节奏开展一些服务项目，如家务钟点工、维修工、物业管理服务、快递、送货服务、上门装收垃圾、电话订货购物、为老年人预约上门理发、看病治疗等都是可以为之的项目。

你可围绕着生活节奏加快，围绕着人们的衣食住行和生活服务各个方面细细想一想，然后拿出你的笔和纸，写出与此相关的赚钱项目。

4. 研究人们生活方式的变化

在人们的温饱问题解决之后，更多地想到的是享受生活，追求个性完美。围绕着人们生活方式、生活观念的改变，就会产生更多新的市场需求。

爱美之心，人皆有之。首先追求自身的美，希望能青春永驻，潇洒美丽，这以收入较高的城市中青年女性最为突出。她们需要各种各样的护肤美容商品和美容服务。除了女性，男性也爱美，男人用美容商品，进美容院今天也不是新鲜事了。

不仅年轻人爱美，中老年人也爱美。人们不仅追求自身的美，也关注与自身有关的美，如自己穿的衣服，用的东西，住的房间等等都会不断追求美。围绕着人们对美的追求做文章，你会发现这方面的市场潜力巨大。

人们不仅追求美，而且还会追求"健"，身体健康长寿，是每个人的良好愿望，围绕着人们追求健康长寿的心理也会有许多商机，如现在都市兴起的各类健身房、健美俱乐部、乒乓球馆、保龄球馆等。随着人们生活水平的日益提高，这方面的需求还会不断地增加。

人们物质生活富裕了，自然要求丰富多彩的精神文化生活。向人们不断提供丰富多彩、高雅的精神文化产品和相关服务也正逐步形成一种新的产业。双休日的实行，节假日的增多，人们闲暇时走出家门，走出国门到外面世界走走看看的人越来越多，与此相关的旅游服务业和各种旅游产品发展前景也十分广阔。

总之，社会在发展，人们的生活观念、生活方式在逐渐发生变化，认真研究这些变化，研究变化所带来的现实的需求和潜在的需求，就是你挣钱的着眼点。

把握信息，抓住财富

其实，只要留心，夹杂着大量商机的无数信息每天都在你的眼前不断地晃动。

在圣诞节前夕，美国曼尔登公司的一位经理从芝加哥去旧金山进行市场调查。在火车上，一位身穿金色的圣诞节礼服的女郎格外惹人注目，同车的少女甚至中年妇女都目不转睛地看着她那件礼服，有的妇女还特地走过去打听这件礼服是从哪里买到的。

这位经理看在眼里，灵机一动，觉得这可是一笔赚钱的生意，可以大做特做了。

当时已是12月18日，离圣诞节仅一周时间，圣诞节礼服在这段时间一定是热门货，仅在火车上就有那么多妇女喜欢那位女郎的金装圣诞节礼服，推而广之，整个美国该是多么庞大的市场！

于是他非常礼貌地向那位女郎提出拍张照片作为留念的请求，那位女郎欣然应允。拍完照片后，那位经理便中途下车，向公司发出传真电报，要求公司务必在12月23日前向市场推出1万套这种服装。

曼尔登公司接到经理的传真电报后，立即召集公司的设计师，按传真过来的服装照片式样设计，并于当晚23点25分，向所属的服装加工厂下达投料生产指令，以最快的速度，日夜加班，生产出1万套"圣诞节金装女郎礼服"。

12月22日下午2点，1万套"圣诞节金装女郎礼服"同时出现在曼尔登公司的几个铺面，立即引起妇女们的兴趣，她们争先恐后地购买，到12月25日下午4点，1万套圣诞节"金装女郎礼服"除留下2套作为公司保留的样品，1套赠给火车上那位女郎外，全部销售一空，公司纯赚100万美元。

"圣诞节金装女郎礼服"成功的经验说明，经营者必须善于观察日常生活，捕捉市场信息，把握市场真谛，发掘赚钱机会。

在变化莫测的商界，商机层出不穷，但又转瞬即逝。成功的企业经营者就在于能及早发现机遇，捕捉机遇，利用机遇。

日本索尼公司的创始人井深大和盛田昭夫，自公司创立伊始就立志于"率时代新潮流"。一次偶然的机会，井深大看到一台美国录音机，他便抢先买下了专利权，并很快生产出日本第一批录音机。

1952年，美国研制成功"晶体管"，井深大立即飞往美国，又抢先买下这项专利，回国数周后便生产出公司第一批晶体管，销路很好。当其他厂家也转向生产晶体管时，井深大又成功地生产出世界第一批"袖珍晶体管收录机"。就这样，索尼总是抢先一步购买专利或申请专利，生产出来的新产品以迅疾的速度牢牢占据着市场竞争的制高点。

生意场上最讲究反应敏捷，行事果敢。抢先一步，往往就掌握了竞争的主动权。而抢先一步，需要的是充分的信息以及一个能够灵敏判断信息的头脑，一种超前的"注意力"。拿破仑有句名言："我们之所以能够取得胜利，是因为我们比敌人早到5分钟。"抓住影响市场变化的各种因素，做到月晕知风，础润见雨，便可预见未来，比他人"早到5分钟"，在市场上独步天下。

准确的信息、科学的预测是企业领导者的"导航助手"、制胜武器，是预见商机的前提条件。一个优秀的企业家，不但要"眼观六路，耳听八方"，还要善于去伪存真，明察秋毫，克服"分析的贻误和预测的失误"，方能在信息社会中立于不败之地。

对于情报信息的加工处理，一是要避免假象；二是要防止夸大；三是要防止残缺；四是要避免偏颇；五是要避免拼凑；六是要避免歪曲。

创业者务必将以上六个要诀铭刻在心，随市场变化而变，如此，则会游刃有余。

湖南某茶厂依据《经济信息》一则报道：新疆少数民族用的黑砖茶、青砖茶等茶叶，销量不断上升，库存量少，预计该年需求可达25万担。该茶厂收到这一信息之后，立即派出推销员，与新疆有关部门签订了每月提供砖茶6000担的合同。仅半年时间，该厂就获利60万元，又解决了新疆少数民族买茶难的问题，一举两得。

夸大或缩小市场的有利因素，只看到市场行情的个别事实，时间和空间上的人为错位，都会使信息不完整和失效。

我国外贸人员在莫斯科时听一俄方人员讲，俄罗斯人喜欢中国的灯芯绒。他立即意识到：这是一条残缺的信息。为什么呢？

俄罗斯市场上也有法国、奥地利、波兰等国的灯芯绒，为什么对中国的灯芯绒情有独钟呢？经了解，上述各国的为芯绒都是混纺的，而中国的则是纯棉的。

一条完整的信息输送回国内。一星期后，我国的纯棉灯芯绒在俄罗斯大出风头。

要把握信息，走在机遇前面，首先要搞好市场调查和预测，没有对市场动态的洞察，再好的谋略也难奏效；其次，要善于辩证思维，从事物的多侧面的对立统一中寻找"战机"；再次，还要有点敢冒风险的精神。

因为市场变化是由多种条件支配的，调查预测总有一定局限，要赚明天的钱，进行超前经营，就要敢冒风险，不畏艰难曲折，唯此，才能创造常人不能创造的奇迹。

很多企业家在他们自己的领域内取得成功，都要归功于他们及时捕捉信息、把握商机于先的"注意力"。香港大亨李嘉诚先生有一个超越别人的长处，那就是透过市场信息，马上知道什么值得投资。

现在李嘉诚和他创办的长江实业（集团）是除香港政府外香港最大的土地拥有者，赫赫有名的地产大王。地产业使他发了大财，而这一切，只不过是因为他具备了常人不曾有的预知商机的"注意力"。

由此可以看出，善于发现潜在商机的"注意力"，对一个创业者及其所在企业而言，都是非常重要的因素；而要想能够走在商机前面，就需要把握充分的信息。因此，创业者一定要充分重视信息的作用，搞好市场调查与市场预测，逐步培养自己预见商机的"注意力"。

出奇才能制胜

现代经营者必须要高瞻远瞩，不断创造新的经营方式。

在一切都会变化的当今社会，如果始终保持原有模式，就会落后。

也就是说，如果你每天都很认真地工作，那么对于自己的经营业绩，自然有一定的期望或理想。

但在变化激烈的当今社会，预料的事未必都能变成现实。因此，除了具备先见之明外，还应有自己的抱负，并设法实现。

具有先见之明尤为重要。先见之明指的是，具有丰富的想象力，能够预测社会大众将需要什么产品。例如，有经验的老人能够判断来年的风雨，其预测结果往往令科学仪器都为之汗颜，他们可以准确地预料该年是多雨或是多旱。聪明的经营者据此，制造出适合大众的产品，如多雨，则雨具必然畅销；多旱，则水桶必然家家都预备，以免无容器盛水。

这是最简单的联想。如果你是位大企业的老板，将之用于企业经营上，同样会产生相同的效果。一个地区的人口增加，地产市场就会升温，建筑材料需求就会增多，建筑所需的劳工随之也增多。如果你有一套宏伟的计划，必然产生你自己的一套新的经营方式，以站在时代的前沿。

当然，你仍需随时以率直的态度，虚心地观察事物，一步一步踏实地去做。在今天这种激烈竞争时代，不可缺乏创新时的积极态度。

商海中的弄潮儿则永远以创造的姿态搏击风浪。他们是一群思想超前者，他们有无穷无尽的创造性和想象力。原因是他们善于进行扩散思考。所谓扩散思考，就如同洒水一样，它是对一个课题做多方面的联想。

在提出足够的办法之后，再加以集中考虑，宛如经凸透镜上的光聚集于焦点，或组合成许多主意，或加以筛选，然后找出现有条件下最可行的方案。思想活跃的人，首先做扩散思考，而后再做集中思考，往往就能想出比他人更好、更可行的方案来。与扩散思考相联系的是想象力。丰富的想象力是思考活跃者的财富，创新的源泉。在想象力中，最主要的又是空想与联想。

意大利的天才艺术家、科学家达·芬奇，曾遐想过人类也能像小鸟一样翱翔在天空，这种遐想在当时被认为是空想，因为当时没有任何人认为是可行的，也没有任何人敢于这样遐想。然而达·芬奇却就此事进行了各种空想，并画了草图，其中之一成了现今的日本航空公司社标。达·芬奇的一些空想具体化变成了直升机进而发展为喷气飞机、火箭。

创新对企业经营的意义如同新鲜的空气对生命的意义。经营者应该不断地在管理上创新、产品上创新、技术上创新、企业形象上创新，以确保企业经久不衰。

广告也有"兵法"

广告活动从计划、制作到实施一系列过程中，在不同阶段都有各自不同的特点和兵法。选择适合的广告实施兵法，是建立良好的企业形象与提高产品知名度的关键。

（1）广告的差别兵法

广告的差别兵法就是以发现和突出差别为手段，充分显示广告企业和产品特点的一种宣传兵法。它分为：

①产品差别兵法

突出产品的功能差别、品质差别、价格差别、品种差别、包装差别、销售服务差别的广告宣传兵法。企业广告和产品广告力求给消费者以能够获得某种利益的鲜明印象。

②劳务差别兵法

主要是突出和显示同类劳务中的差别性。从而说明本企业的服务能给消费者带来更多的好处。

③企业差别兵法

主要是显示企业设备差别、管理水平差别、服务措施差别和企业环境差别等内容以引起消费者对本企业的注意，树立形象。

（2）广告的系列兵法

广告的系列兵法是企业在广告计划期内连续地和有计划地发布统一设计形式或内容的系列广告，以不断加深广告印象、增强广告效果。它分为：

①形式系列兵法

在一定时期内有计划地发布数则设计形式相同，但内容有所变动的广告。固定形式有利于加深顾客对广告的印象。这种兵法适用于内容更新快、发布频度大的广告，如文娱、交通广告等。

②主题系列兵法

企业在发布广告时，依据每个时期目标市场的特点和市场营销兵法的需要，不断变更广告主题，以适应不同广告对象的心理需求。

③功效系列兵法

通过多则广告逐步深入强调商品功效的广告兵法。其主要是为了体现商品的多用途，使消费者易于理解和记忆，在短期内起到促销作用。

④产品系列兵法

是为了适应和配合企业系列产品的具体时间和频率合理安排的广告兵法。由于系列产品具有种类多、声势大、连带性强的特点，因此，产品系列兵法必须结合产品各自的营销特点来进行。

（3）广告的时间兵法

广告的时间兵法是指广告发布的具体时间和频率合理安排的策略，一般来说，时效性广告要求发布时间集中、时限性强、频度起伏大。而迟效性广告发布时间均衡、时限从容、频度波动小。它分为：

①集中时间兵法

该兵法就是集中力量在短时间内对目标市场进行突击性广告攻势，其目的在于在短时间内造成声势，扩大影响，迅速地提高企业和产品的声誉。此种兵法一般适用于新产品入市、新企业开张等。

②均衡时间兵法

该兵法是指有计划地反复对目标市场进行广告的策略，持续加深消费者对商品或企业的印象。在运用均衡广告兵法时，广告表现形式应有所变化，不断给人以新的感觉。

③季节时间兵法

该兵法主要用于季节性较强的商品广告，一般在销售旺季到来之前就要开展广告活动，为销售旺季到来做好信息准备和心理准备。运用季节时间兵法时，一定要注意掌握广告时机，过早会造成广告费的浪费，过迟则会延误商品销售时机。

④节假日时间兵法

该兵法是零售业和服务行业常用的广告时间兵法。一般在节假日之前数天便开展广告活动，而节假日一到，广告活动即告结束。运用节假日时间兵法时，要有广告的特色，把商品的种类、价格、服务时间以及异乎寻常的信息突出地、快捷地告知消费者。

先声夺人，先占商机

商机时隐时显，稍纵即逝。因此，在商业竞争中，快速反应、先发制人而抢占先机者，自然掌握竞争主动，获得占先优势。这是古今中外商战实践的真知，也是企业经营的一条重要方略。

围棋对弈时，首先要进行"猜先"，终局时执黑先行者贴目计算输赢。

围棋术语中，还有"先手"之说，并有个"宁弃数子，不失先手"的定理。这充分表明，在围棋比赛中先手主动，先手便宜，先手优势。

在商业竞争中，先发制人而抢占先机者，自然掌握竞争主动权，获得占先优势。这是古今中外商战实践的真知，是商战中取胜的一个定理，也是创业活动的一条重要方略，是创业者所追求的目标。

所谓先声夺人，就是要求企业在经营竞争中，以声势压倒竞争对手，在声誉上高于竞争对手，从而获得占先优势。

地处西北的兰州，曾爆发了一场引人注目的"家具大战"，上海、浙江、广东等地数十家颇具实力的家具厂商纷纷参加角逐。大战硝烟失散，胜负已见分晓。然而，令人们惊奇的是这场家具大战的胜家不是来自东南沿海实力雄厚的大厂商，而是来自甘肃中部的企业——定西兰州家具有限公司。

一家名不见经传的企业，何以在强手如林的"家具大战"中脱颖而出，短短一年时间就占据兰州50%以上的家具市场呢？他们取胜的策略就是"先声夺人"，在声势上压倒竞争对手，在声誉上高于竞争对手。

该公司在进军兰州前，首先进行了认真的市场调研，他们发现作为西北商贸中心的兰州市，还没有一家专门经营高中档家具的大型商场，许多用户为了购得一套称心的家具不远千里从广东托运。于是，该公司在兰州创办了兰州体育馆国际精品家具城，一项以专营本公司和国内外高中档家具

为方向，以优质服务为宗旨，以集中力量、先声夺人为策略的企划方案开始
实施。

一夜之间，兰州市人被铺天盖地、遍布全市的横幅广告所包围、所吸
引："精品家具何处寻，众人皆指体育馆"。各大报纸、电视、电台上的广
告轮番轰炸，"体育馆精品家具城"深深地印在兰州人的脑海里。前来参观
者、挑选购买者车水马龙、络绎不绝。该公司"先声夺人"，在声势上压倒
了所有竞争对手，一炮走红全城。

在强手如林的竞争中仅仅依靠"声势"是压不住竞争对手的，要保持竞
争优势，必须依靠优质产品和优质服务，在声誉上高于竞争对手。

为此，该公司一手抓产品质量，一手抓服务质量，使企业声誉不断提
高，得到了用户的信赖和肯定。在产品质量上他们精益求精，绝不掺杂半分
假。比如从意大利进口的高档真皮沙发，无论是空运、航运，还是铁路公路
联运，均采用先进的包装技术，保证产品的原貌和质量不出问题。

在服务上他们以顾客至上，信誉为本，赢得了消费者的交口称赞。金
昌市一消费者购买了一套家具用了三个月，觉得颜色与居室不协调，提出
退换，公司二话没说，免费几百公里送货上门；青海省一位消费者买了一套
家具放到仓库里，准备分到新房后使用，没想到因库房漏雨受潮而使家具变
形，公司照样给换了一套新家具。

在供需失衡中寻找商机

世界上所有生意都是由供求关系决定的，善于发现供求之间的流向，把
握住了供求之间的机会，也就把握了企业的命运。

商场供求平衡是相对的，不平衡是绝对的。不平衡存在着差异，这种差

异性就是市场的潜力所在。企业者一旦捕捉到了市场中存在的差异，也就捕捉到了商机。差异造就市场，寻找差异，也就是寻找市场。

联邦达快运中心的王万才，他当过工作、练过地摊儿、倒过服装，后来干起了个体运输，并在这个行业找到了感觉。1992年成立了私营运输公司——北京京广快运中心，专营京广两地的铁路货运。

他有效地利用空车配载，成本低廉，同时上门收货，服务周到，因而名气越做越大。现在的联邦达快运中心已是一家大型运输企业，除京广快运外，还有京闽、京川、京温、京津、京包等货运分公司，业务辐射大半个中国。

随着经济发展和人民生活水平的提高，市场对物流的速度提出了更高的要求，特别是鲜花等时令产品，更强调当日送达。因此，航空货运市场需求巨大，但当时国有航空企业在运力和服务方面都不能满足需要。王万才瞅准了这个供求失衡的机会，经过多方努力，最终与航空部门达成包租协议。

包机空运，不仅为客户赢得了时间，更为联邦达赢得了市场。那时，京广两地铁路快运每公斤收费2.85元，公路价格更高，联邦达的空运收费和铁路差不多，所以在广州轰动一时，每天50吨的飞机都是满载。

联邦达的成功，是与王万才能够敏锐地感觉到航运业的供需失衡分不开的。在现实生活中，供需失衡的类型很多，既有地域上的失衡、时间上的失衡，也有产品层次上的失衡，把握住这些供需上的失衡，就是把握住了潜在的商机。

Chapter 3
第三章

创业前的准备

　　谈到创业，几乎人人都有一套可以高谈阔论的生意经，然而真正付诸执行的个案实在是屈指可数。

　　凡事预则立，不预则废。

　　小公司创业，天时地利人和，一个都不能少。创业者的创业筹备的充足与否，直接关系到企业创立后的成败。

　　简单地说，小公司的创业者前期筹备包括行业选择、募集资金以及切入市场时机的捕捉。

选对行业，事半功倍

掘金要选好矿，钓鱼要选好塘。在一个非金矿区掘金或在死海钓鱼，付出再大的努力也得不到任何收获。

创业者创业，也如同掘金和钓鱼，需要选对自己所投资的行业。好的行业，是创业成功的前提，它为企业今后的生存、发展与壮大，提供了可能性和铺平了道路。当然，世上没有绝对的热门行业，选定合适的创业行业，对创业者来说是一个较难的课题。

选定创业行业，包括创业行业评估和创业决策的两个重要阶段。

创业行业评估

创业行业的评估，主要从以下十一个方面来进行：

1. 生意的季节性

大多数行业中的销售和利润都存在着季节性变化。在受季节影响非常大的场合，经营者必须为抵消这种影响而做某些调整。一种通常的做法是从事季节特征各有不同的多种业务。例如防风门窗的制造商在夏季的几个月里可以增加一条遮阳篷生产线，专营供暖产品的企业可以兼营空调设备。

第二种调整措施就是保持一支规模较小的永久性员工队伍，在旺季时则通过招募临时员工来满足工作需要。

第三种调整措施是在全年度里均衡生产从而为旺季进行大量储备。

以上所提到的调整措施以及其他一些办法保护创业者能以一个合理的效率进行经营。这就要求创业者有很高的经营技巧，而有些调整措施（如建立储备）可能伴随着很高的风险。因此，季节性过强在经营中被看作是一个负面的因素。

这种负面的因素是客观存在的，作为一个创业者，只有努力去适应它。

2. 受宏观经济形势的影响程度

除去少数例外，大多数行业在经济衰退时都要受到负面的影响，但低价生活必需品受到的冲击最小。此时，某些市场领域还会向低档化转移，即对于某种产品来说，高价品牌的商品会将一部分市场份额让给低价品牌。有时甚至还会出现产品的互相替代，一般来说，经济衰退期间非耐用生活必需品的供求是稳定的。

对那些能够推迟消费的商品来说经济兴衰的影响最为明显。希望更新自己汽车的消费者可能会将购买行为推迟一年或几年，因此汽车制造商在景气年份必须开足马力生产而在萧条年份则只能发挥60%的生产能力。如果该公司的保本开工率为80%，它在景气年份的利润会十分丰厚而在萧条年份则会蒙受损失。认识不到宏观经济对企业影响会使企业陷入困境，甚至还会造成企业的破产。

有很多方法可以用来缓和经济不景气的影响，抵消季节因素影响的方法经过一些修正也可用来消除经济衰退的影响。对于正在扩张的产业，一个理想的方案就是安排好扩展的时机以使新的设施与人员的添置刚好赶在经济复苏时进行。

保持均衡的另一种方法是通过精心策划使企业在经济处于低谷时仍能有效运行并获得盈利。这样，当经济出现好转需求开始激增时，企业可以增加临时设施来满足需要。如果是制造业的话，企业可以从其他供应商那里购买配件或产成品作为自己的产品销售。

3. 对不确定的供给要素的依赖程度

计划经济很容易成为短缺经济。而在市场经济中，短缺产品的价格会上升，从而使消费者的需求下降而生产者的供给增加并从此达到平衡。在计划经济中，消费者受到保护得以免受涨价之苦，但同时却打击了生产者增加生产的积极性，使得短缺状况不能得到缓解。

当短缺最终引发供求危机之后，价格仍然免不了要上升。因此，这种所谓的对消费者的保护只是一个神话而已。

假如一家企业过度依赖某种原材料，那么其前景便令人担忧。20世纪90年代以前，我国纺织企业主要依靠计划供应的棉花作为原材料。由于受自然因素和人为因素的影响，很多企业常常手握订单，却无原料生产，苦不堪言。

当产品的某种原材料在产品总成本中所占的比重不大时，经营者可以通过保持这种材料的库存以使这种供给的不确定在一定程度上得到控制。某些商品可以通过在期货市场上套期保值来防范风险，签订长期合同也可使企业得到一定程度的保护。

但是，由于长期合同只有在供应商有能力履约时才有效，因此，它对企业经营提供的保护是有限的。

综上所述，创业者要尽量避免选择进入那些可能会由于原料短缺而导致利润下降的领域。

相对来说，第三产业无须依赖于基本原材料，这是一个有利的因素。只不过，原材料并非是决定企业成败的唯一因素。

在经济繁荣时期，其他公司会以更好的条件以吸引最优秀的员工，那些过于依赖低成本劳动力的企业会发现自己面对的劳动力供给情况非常不妙，一家公司如果在销售或技术上过分依赖某个员工的话，那么，此员工的离去就会对公司构成一定威胁。

针对上述情况，可以采取一些相应的措施。提高关键员工的待遇可以使公司免受因某个关键人物的突然离去而造成的损失。股票期权、利润分享以及其他优惠条件可以避免骨干员工流失。在对某一行业进行评估时，对于战略要素缺乏控制而产生的风险是一项负面的影响因素。

4. 行业的成长性

这项因素对于那些关注投资安全的创业者具有非同寻常的重要性。对于一个经营领域来说成长性是一个令人欢迎的特征。

不景气的公司很难盈利。在企业扩张时，通常采用效率高的技术和设备，使得成本得到更好的控制。成长性对于留住高素质的员工也很重要。一般来说，一个行业要么成长要么萧条，而很少有中间状态。

当评估某一行业的成长性时，销售额的高低并非是一个充分的衡量尺度。销售额的增长可能是由于商品销售数量的增加，也可能是由于涨价，还可能是两者共同作用的结果。那些仅靠提价来实现销售额和利润增长的企业，当其提价幅度超过经济总体通货膨胀幅度时，它就可能由于价格过高而被逐出市场。

曾几何时，由于我国造纸企业能够通过提价来保持盈利，因此成为投资者追逐的热点。但是，纸张价格的持续上涨严重损害了整个行业的竞争优势，市场上国产纸张的份额被进口纸张所占领，同时纸张本身也因出版物向电子化、网络化转移而不得不一再压缩产量。

创业者在寻找成长性行业时，应当谨慎从事。处于成长阶段的产业能够为那些成活在该领域中的公司提供很好的发展前景，但企业成活率是微乎其微的。在改革开放后的一段时期里，彩电行业飞速的增长，使许多大企业纷纷跨入了这一领域。不到十年时间，只有屈指可数的几家站稳了脚跟，绝大多数逐鹿者都退出角逐。在其他领域中也重复着这一过程。

因此，创业者应尽力避免进入这种处于早期成长阶段的产业。即使一家新公司能够快速增长，这种扩张也会带来诸如融资困难以及难以对企业保持有效控制等问题。

当一家公司的规模在整个产业中相对较小，同时拥有特别的竞争优势时，即便在低成长产业中也有迅速成长的可能。

5. 盈利能力

盈利能力是衡量企业成败的另一个标准。获得成功的企业都有一个共同的特征，就是它们都有平均水平以上的盈利能力，这一点保证了他们的高增长率。例如一家回报率为6%的公司在12年内能够实现翻番，但如果回报率提高到20%，在同一期间内，能够实现9倍的增长。

高利润率还具有防御功能。一家具有平均水平以上盈利能力的公司较容易筹措资金，这使得它在经济低潮时期的脆弱性得以降低。另外，盈利性强的公司还有能力引进降低成本的设备。当整个行业面临严峻的经济形势时，资金能力强的公司能够从较弱的企业那里获得额外的市场份额，这将弥补可能产生的利润降低。

有些批评家认为利润是由于未能公平地支付劳动力价格而产生的。不过，一个聪明的企业批评家很难对以下事实自圆其说，即大多数盈利能力好的公司向员工支付的工资同样是最高的。

创新是影响企业利润的另一个因素。如果一家企业引入了盈利能力更高的生产方式，在其他竞争者也效仿采用这种方式之前，该企业就可望获得高于平均水平的利润。利润是经济进步的必要因素。在通货膨胀时期，利润与风险和创新之间的关系有些模糊，因此在选择自己的事业时，人们应该选择那些因拥有优质的产品和服务而具有较高的盈利能力的行业。而实际上太多的人被那些盈利性虽好但风险也高的领域所吸引。

创业项目的可行性分析

1. 影响经营成败的基本因素

在选择自己的事业时，成败与否是由未来决定的。由于将来的情形很难预测，因此就需要了解过去的发展历史。成功的企业经营者熟知影响公司销售与利润的基本因素，其中一些因素会因循以往的趋势延续到未来。而另外一些因素则会发生变化，有些变化几乎无法预测。

例如，全国人口年龄结构的变化趋势可以清楚地描绘出来。也就是说，只要不发生下述这些情况，即全国大范围的自然灾难、育龄人口观念的变化、避孕方法的新进展或是有关堕胎和绝育的新立法的出现，则年龄结构的变化就很容易预测出来。人口结构变化是影响企业生存的重要因素之一，在很大程度上决定了企业的兴衰。

根据以往情况所进行的预测未能预见到影响因素的变化，使得整个行业陷入了困境的例子比比皆是。像彩电这样的耐用消费品一旦为大多数人拥有之后，其销售量的增长便会放缓。一家实现了市场份额由10%到30%3倍增长的公司，会发现由30%到90%的3倍增长更加困难。

2. 技术变革中的受益

不可否认，许多诱人的商机来自技术变革。与人口结构、政治上的变动相比较，技术创新所创造的商机更为广阔。当技术创新发生时，似乎每个人都想一试身手。铺天盖地而来的广告宣传和产品展示使潜在的消费者异常兴奋，他们的兴趣鼓舞了生产者的积极性。有些企业会成为赢家，有些会被排挤出局，还有一些则从来也不曾开张。

对于一家新公司来说，最好不要参与追逐新事物的潮流。这些新潮事物可能超出了你的能力，不会给你带来最佳利益。它可能需要巨额投资，也许只不过是过眼烟云。这时候，时机的把握特别重要，如果你过于匆忙地投入，就有可能错过那些对于赢得市场有重要意义的改进，而行动过迟又会掉队。假如你对自己把握时机的能力和自己的实力没有信心的话，最好不要去赶这个热闹。

除了将技术创新成果转化为某种你所经营的产品以外，你还可以换个角度来考虑问题。你能否将这种新技术运用到企业的运营中使其更为实用？因为我们探讨的是致力于创办新企业，因此首先想到的必然是小企业。小公司通常大多是零售业和服务性企业，这些企业便是我们要运用技术创新来改进服务的对象。

我们以滚刷作为例子。这是一种在家庭地下室中就可以装配的产品，这种"自己动手"的经营模式在向零售商推销时能够同生产油漆及油漆工具的大企业竞争。这种新工具为油漆工匠带来了巨大的好处，借助使用这种新工具，他们能够更快地完成工作，从而在与使用传统刷笔的竞争时能够获胜。

大多数油漆匠与其他手艺人一样，拘泥于传统，对于变革或者是无动于衷，或是不情愿地接受变化。因此，那些能够迅速接受变革的人，就可能利用这一点获利。当今最成功的油漆承包商是率先采用诸如无气喷枪之类的最新技术的人，与传统的空气喷枪相比，无气喷枪能够喷涂乳胶漆，同时还节约了佩戴面具所需要的时间。

打算自主创业的人，应该密切关注那些公布技术进展的产业新闻。要对每一种进展进行分析，判断从哪种经营行业中能够获益。对于创业者而言，最明显的机会并不一定是最好的机会，因为容易招来过多的竞争者，进一步的分析通常会揭示出不为一般人所注意的不明显的机会。

3. 竞争的规避

获取高额利润的公司有一个共同的特点，就是他们都拥有可以使自己免受竞争冲击的保护性措施。有时他们控制着主要原材料，或者拥有地域上的优势，而有时则仅仅是由于他们是行业中规模最大的公司，具有成本上的优势。掌握着某种特殊技术也是在行业中称雄的重要因素之一。

小企业很少能具备上述优势，但仍然能够在竞争中表现得与众不同。对于小企业来说，在质量、可靠性以及建立与顾客和谐关系等方面有良好的声誉是非常重要的。由于规模的原因，小企业更容易了解顾客的需要，也能够更灵活地满足这些需要，这种优势在某些特定的行业中尤为明显。创业者们应当选择那些存在着某种免受竞争冲击的保护因素的领域发展。

4. 个人的兴趣

在选择自己所要从事的项目时，不管这一领域从客观上看多么具有吸引力，创业者都不能忽视自己的喜好。一个人不仅是为挣钱而工作，他还要追求工作的趣味和个人成就。每一项工作对于不同的人而言有着不同的吸引力。究竟哪种事业对自己最具有魅力，每个人自己必须做出选择。

创业者在创业时要仔细考虑影响创业成败的有利或不利条件。通常喜欢做的事情我们就容易把它做得最好，因此甚至可以说一个人在某项事业上能否获得成功，取决于创业者本人是否真正喜欢它。当然，这只是其中一方面因素，但不管怎么说，这个问题至少和其他问题同等重要。

5. 该行业是否容易进入

在某一行业中成功或失败的概率在很大程度上取决于进入该领域的难易程度。进入某一行业越容易，竞争就会越激烈，失败的可能性也越大。

未来的创业者面临着一条狭窄的道路。一方面，某些行业虽富有吸引力但却难以进入，在这些领域里，竞争会稍缓和一些。还有许多行业非常容易进入，如果大家都能够毫不费力地进入这一领域，大家都将无利可图。即使这一行业曾经利润丰厚，当人满为患时，僧多粥少是不能保证未来的利润像过去一样诱人。

以下是一些形成进入障碍的因素：

（1）资金

①用于购买（或租用）企业经营的场所和设备

②用作运营资本

③用作开业费

（2）专有技术及诀窍

①技术上的

②营销上的

③管理上的

（3）法律事项

①许可证

②专卖证

③排他性合同

④版权

（4）地理位置因素

战略位置

（5）营销

①品牌名称

②有效沟通

③已有的消费者基础

④分销渠道

（6）对关键原材料的控制

（7）低成本生产设施

如果不具备以上的一项或几项战略优势的话，企业将直面激烈的竞争和微薄的利润。其中的一些因素和资本，对小企业家来说难以构成保护，而另外一些因素则为小企业把握自己的命运提供了难得的机遇。例如，对专利、商标和版权的保护使其拥有者能够减少竞争。无论这些所有者是否参与了对该商品的生产，由于他或她所处的这种"收费站"的位置，也能从被保护对象的收入中获得分成。

帮助创业者确定自己正在考虑的生意是否具有吸引力：

1. 该行业是否为季节性的？

2. 该行业是否对经济周期很敏感？

3. 该行业是否受到了过度的管制？

4. 战略性要素的供给和价格的确定性如何？

5. 扩张前景如何？

6. 该行业的盈利性如何？

7. 产业的变动方向是怎样的？

8. 将要对行业产生影响的技术变革是什么？

9. 企业能否置身于竞争之外？

10. 该行业对你个人是否具有吸引力？

11. 所选择的行业是否易于进入？

以上列举了创业者选择创业行业时应评估的11种因素。当然，没有一个行业能够在这11个方面都得满分，否则大家就会做出相同的选择了。同一个行业对于不同的人也会得到不同的评价，因为这些因素对不同的人重要程度不同。例如，一个雄心勃勃的年轻人可能会偏爱一个竞争激烈的产业，因为这样的产业有很强的增长潜力以及很高的利润。而一个行将退休的人则更容易选择那些竞争不太激烈的行业。

6. 决策之前的准备

创业决策是指创业者对未来创业实践的方向、目标、原则和方法所作出的慎重选择和决定。正确的创业决策是在创业实践中得到验证的，它能指导实践，少走弯路，促进创业进程。创业决策一旦付诸实践，创业决策的正确与否以及正确的程度直接影响创业成果的取得。因此，在创业决策之前，应做如下方面的准备：

（1）拟定决策目标。当意向性的创业目标选定之后，就要进入决策阶段，在决策过程中的首位任务是拟定决策目标。创业目标与决策目标内容是大致相同的，但要求又有区别。创业目标在意向性阶段有许多方面的问题还不那么确定，不那么明晰。

但是，当进入决策阶段，凡不确定的和不清晰的方面要通过思考和分析使之变为确定和清晰，凡不够详细的方面应使之详细。就决策过程而言，决策目标是创业决策的前提。创业决策目标，包括创业决策对象和创业决策目的两部分：

①创业决策对象，就是指创业决策者准备解决的问题。比如，有的人试图通过养猪解决提高经济效益问题；有的人试图通过科学种田解决致富问题等等。总之，在创业目标的决策阶段，创业决策的目标一定要明确，不能模糊不清。倘若决策目标模糊不清，那么，决策就是一种十分典型的无的放矢的行为。

②决策目标是指创业决策者预期要达到的目的。决策目标有时内容单一，结构比较简单，适应的范围较小，比较容易实现；有时涉及的内容比较多，比较复杂。在后面这种情况下，创业者必须把全部要解决的问题看成是一个大系统，把各个方面、不同时期要达到的目标看作是大系统中的小系统，不断进行分解，逐步实现单项目标，争取最后达到预期的大目标。决策目标一般具有以下特点：

——可以计量其成果；

——可以规定其达到的时间、空间和规模；

——可以确定其责任。

这些特点在制定决策目标时都要充分加以注意。

（2）决策时机的选择与确定。什么时间进行决策，主要是看创业条件的具备情况。条件不成熟时就匆忙做决定是冒险的行为，容易造成不好的后果；条件成熟了却拖延不决断，会贻误战机，有时优势还会转化为劣势。

因此，确定决策时间的过程，也就是把握时机的过程。当断即断，不当断则不能乱断，是创业成功之本。同时，决策前的准备工作还包括检查供决策合作的第一手材料的占有情况。第一手材料是指创业者自己直接掌握的信息、经验和对创业活动的分析结果等。第一手材料是决策的基础，谁拥有第一手材料，谁就拥有了发言权。

总之，决策前需要做的准备工作还很多，要尽量使这些工作做得充分，以此来保证决策能有一个好的结果。

7. 决策方案选取的标准

既然决策是一个"慎重选择和决定"的过程，那么，决策时就不能仅有一种实施创业目标的方案，应当有几个或多个决策方案，在几个有价值的决策方案中，进行比较和优选。如果没有多个有价值的决策方案进行比较和优选，就谈不上决策，也不可能实现决策的最优化。

为了使创业决策达到最优化目的，我们还有必要弄清楚决策者与决策方案之间的关系。在创业决策的过程中，决策者与决策方案有着密切的联系。决策方案是决策的前提和基础，决策是依据决策方案而进行的有计划有目的选择活动。

没有方案就无从决策。决策和决策方案相互间的区别是，决策表示的是决策者的活动，决策方案则是一种意念上的系统打算。决策是主观见之于客观的行动，而决策方案则是主观和客观结合的产物。

为了使创业决策具有最理想的结果，创业决策者要对拟定好的各种方案进行全面的分析比较，权衡各种方案的利弊，选取其中一种方案或将各种方案综合成一种方案，也可以排列出第一方案、第二方案、第三方案等。

在决策过程中，对决策方案进行选择或取舍是根据其价值大小决定的。具体说，对决策方案进行价值判断可依据下列标准：

（1）经济效益标准。创业的过程首先是一个创造物质财富的过程。在对决策方案进行选择时，应该用经济效益标准进行衡量。凡经济效益显著或较为显著的决策方案，应纳入选择和采纳的范围；反之，可以筛选掉。

（2）社会效益标准。社会的健康发展是每一位创业者共同努力的结果。因此，我们一定要坚持用社会效益这把"尺子"，对所有决策方案进行衡量，凡对社会发展有直接或间接积极影响的，就应纳入选择和采纳的范围；反之，则应该坚决筛选掉。

（3）优化标准。优中取优，或集多个决策方案之优点，是决策活动最为显著的特征。这主要是由任何问题都存在多种可能的解决办法所决定的。

因此，我们应该在多种可能的解决办法中找出最适合自己的一种或寻找最有利于自身创业的因素，唯有如此，才能获得创业的成功。

8. 最终决定应该果断

现实生活中，在创业决策的最终"拍板"环节上常常会出现两种情况。

一种情况是有些年轻的创业者因社会阅历浅，分析问题的方法较为简单，再加之容易感情用事，所以，在对创业目标做决定时往往显得十分轻率，由此遭受的损失也较为惨重。

另一种情况是有些年轻人在创业决策的"拍板"时，"怕"字当头，担心吃亏或失败，甚至不知所措，不敢"拍板"，导致错失一个又一个创业良机。

由此看出，在创业决策上能否有勇气"拍板"，确实是一个十分重要的问题，应该认真对待。一方面在创业决策上不能草率从事，另一方面也不能左顾右盼该断不断。

无数事实告诉我们，在创业过程中绝对有把握、不承担风险的事极少，往往是成功因素与失败因素交织在一起。真正聪明的人，通过全面分析，只要认为是利大于弊，成功的可能性大于失败的可能性，就应该果断"拍板"，争取在最短的时间内将创业设想变为行动。

如何筹措创业资金

创业一定要有适度的资金，如果没有资金，创业将只能是无源之水、无本之木。但创业之前以及创业时的资金筹集，往往是特别艰辛与困难。原因除了创业者个人经验不足外，在建或将建的企业尚没有任何经营成果来证明它的可行性与前景，也是一个重要的原因。

相对来说，拥有的资金越多，创业者可选择的余地就越大，成功的机会也就越多。因此，创业者要有必要的准备资金。

创业资金的来源可以通过各种渠道筹集，如自有资金，融资，贷款以及与别人合伙等。启动资金越充分越好。这是因为经营启动后可能会遇到资金周转困难的情况。特别是刚开始创业，这种可能性更大，而边经营边筹划资金的能力，又远不如已经有一定根基的老板。

如果准备资金不到位，甚至可能因一笔微不足道的资金，弄垮一个刚刚起步的事业。因此，创业者要充分考虑开业资金的筹措，适时、适量、适度地储备和使用，做好资金使用的统筹安排，力求把风险降到最低程度。

自己动产或不动产变现是资金的主要也是最可靠的来源。人们把钱存入银行，变成存款，取得利息，这也可以说是一种投资的方法，而在创业者眼里，钱只有变成资本，才能迅速增值。资本只有在运动中才能增值，投放到生产、流通领域的资金才能盈利。

资本能变换价值形态，吸收人才、技术、信息、原料、设备。如果经过仔细选择寻找到合适的项目，对技术、市场等均有信心，就果断将手头的钱投资到你充分论证、选择的项目中去。但有一点应该提醒创业者注意，要留一些备用金，以防不测，俗话说：鸡蛋不能放在一个篮子里面。

自己的资金不够时，可以通过融资实现。但创业者要说服别人，必须要有一套详细的实施计划和可行性论证。要承诺并实现风险共担，利益共享，认真谨慎使用别人的钱，保证按约定兑现给别人的投资回报。这样，创业者才有信用，才会源源不断地得到借款。

创业者一定要做好资金计划。如果能够获得银行贷款，一定要尽力争取。对于创业期的资金计划，应当筹措的比预算的多一些，以防止出现各种意外情况。

商业信用筹资

商业信用筹资是已开办企业的创业者常用的一种筹资手段。

创业者的人格是金字招牌。关键时刻，创业者可以利用个人信誉，并以企业实力为后盾进行商业筹资。在市场经济日趋完善的今天，利用商业信用筹资已逐渐成为小公司筹集短期资金的重要方式。其主要形式有以下几种：

（1）赊购商品，延期付款。在此种形式下，买卖双方发生商品交易，买方收到商品后不立即支付现金，可延期到一定时期以后付款。

（2）推迟应计负债支付。应计负债支付是指私营企业应付未付的负债，如税收、工资和利息的推迟支付。私营公司已经同意这些费用，但是尚未支付。在私营公司未支付这些费用之前，应计负债成为小私营公司的另一种短期筹资来源。

（3）汇票。小私营公司利用汇票，可以不立即支付银行存款，实际上是一种延期付款，也可以筹集一笔短期资金。

（4）预收货款。它等于客户先向私营公司投入一笔资金。通常，有些客户对紧俏商品乐于采用这种方式，以便取得期货。对于生产周期长，订价高的商品，也可以向订货者分次预收货款，以缓解资金占用过多的矛盾。事实上，这部分预收货款就成为短期筹资的来源。

如有条件，资金不足，还可以从银行贷款。通常贷款要三个方面的条件：一是有不动产做抵押；二是项目要有吸引力；三是与银行要保持良好的关系。如果你有不动产如房子、汽车等做抵押，贷款就会容易得多，不过即使没有动产做抵押，也不是绝对贷不到款，项目的投资前景和效益是影响贷款决策的首要因素。

银行要对贷款项目进行技术、经济等方面的可行性论证。为此，你须谨慎选择项目，大量收集信息，考虑各种可能性，选择最优或最满意的投资方案，增加银行贷款的信心。越了解、越熟悉的人之间，信任度越高，也就更容易说服。

要保持与银行界人士的良好关系，这对经营者来说至关重要。初次向银行贷款，数额不宜过大，否则，很难成功。从小笔贷款入手，每次到期按时还贷，逐渐取得银行的信任。才能获得较大数额的贷款。

贷款本身不是目的，重要的是项目投资收益，能保证按时还本付息。贷款不能延期更不能欠息，否则，就会失去信用。商业信用是企业的生命。

外部筹资渠道

当创业者依靠内部资源不足以缓解资金需求矛盾时，需要适时地寻求筹资帮助，寻找合作伙伴。

小企业可以广泛吸纳民间资本。这主要包括利用私营企业内部各种关系，以类似入"会"的形式吸引社会上闲散资金。这一般是短期借贷行为，老板或员工与借贷人要有良好的感情基础，并且订立借贷协议，给贷款者固定的还款日期和丰厚的投资回报。

小企业还可以与具有稳定的业务关系的公司联营，也可以利用创业者私人关系与其他机构如信用社、商社等单位合伙，以筹集资本干大事。联营、合伙私营公司的投资，可以用现金、银行存款，也可以用厂房、设备进行实物投资。

私营企业以合作方式筹资，关键是要与合作者订合作协议，对双方的责权利予以明确规定。合作方要承担以某种方式向小私营企业提供资金或某种帮助的义务，同时也有分享私营企业利润的权利。

补偿贸易对于资金缺乏的小企业而言，是最好不过的。小企业通过抓生产，而不管购买原料和销售，做到两头在外，生产在内，有利于提高生产率。同时，由于在没有任何资金的情况下，扩大了生产规模，实际上也达到了集资的效果。

另外，寻找事业合伙人也是一个十分可行的筹资方法。创业者在寻找事业合伙人时，需注意以下几点：

1. 与志同道合者合作

合伙人在一起合作最直接的认同就是"志"相同。"志"指的是目标和动机，从广义上讲包括了创业者建立企业的动机、目标及创业者确定的企业目标、规划等诸多复杂的内容，可以是赚钱、扬名、实现理想……其次的认同就是"道"相合。

"道"就是实现"志"的方法、手段，即企业的经营理念和经营策略。著名企业家艾科卡选人的首要标准就是志同道合，要求部下必须熟知他的领导作风，对他的管理办法能贯彻执行。选择合作人时，志同道合同样重要。

不同的创业者建立企业的目标和动机可能不同，而不同的目标与动机会导致不同的经营战略和方法。一个企业到底该怎么办，关键要看你的目的。如果你的合作伙伴只想尽快收回成本并得到最大利润回报，而你的目的却是要做成一个长信性的公司，做成百年老字号或金招牌，那么，各自的经营策略也会是有所不同的。

应该说，在企业的初创时期，目标还是一个暗藏的、朦胧的意识，因为你的相对实力不强，对瞬息万变的市场和企业没有把握，一切都是在日后的运转中逐步明朗的。但是，你应该有一个明确目标。

2. 优势互补

《山海经》里的一则故事说，长臂国的长臂人和长腿国的长腿人，各有自己的长处，同时也各有自己的短处。下海捉鱼，一个涉不深，另一个却够不着。可是当长臂人骑在长腿人的肩上时就能涉得深又能够得着了。这就是优势互补的效果。同样，合伙人有缺点，你也有缺点；合伙人有优点，你也有优点，如果能进行互补的话，合作的整体力量必会得到极大的加强。

合作就像一台机器，机器需要不同零部件的配合。一个优秀的合作结构，不仅能够为合作人的能力发挥创造良好的条件，还会产生彼此都没有的一种新的力量，使单个人的能力得到放大、强化和延伸。

最成功的合作事业是由才能和背景不相同的人合作创造出来的。如果你来自乡村，而他来自城市，你受的是良好的教育，而他是靠刻苦自修，你的性格比较内向、谦和，他的性格比较外向、奔放，你们必能互相激励。

3. 确定利益的分配比例

找到合适的伙伴很不容易，而这只不过是问题的一部分而已。找到合伙人后，还有如何分配权力的问题。

大多数的合伙人都采取对半的分配法。这是一个比较糟糕的方法。因为总得有人拥有做决策的权力才行。一旦公司开始盈利，冲突必定随之产生，两位合伙人意见一旦相左，尤其是在涉及金钱时，双方争执有可能达到白热化。

解决这种困扰的方法就是让两位合伙人各自拥有49%的权力（例如股票），再将剩下2%的权力分给第三者，让他在必要时参与其事，或做中间仲裁人。

另一个解决方法就是在一开始就先设立拥有最高决策权的董事会，有关的局外人往往能在问题发生前就发现它而将之解决。

当然，在合伙创业前，最重要的是要确定自己这个项目是不是消费者有兴趣，或愿支持的。否则，纵使有最好的合伙人，也难在合伙中取得成功。

4. 明确合作原则

在商业合作过程中，再好的朋友也要涉及利益的分享，因此，及早确认合作的原则是十分必要的。在与他人合作经营之前，确定和了解下列原则是顺利合作的前提：

（1）应充分了解合伙者是否具有必备的条件，如能否达成经营共识，能否同甘共苦，是否能吃苦和意志坚定。

（2）为了避免合伙经营过程中出现管理混乱和利润分成上的纠纷，在签订"合伙协议书"时应明确规定以下几个方面的条款：

①确认每个合伙人的管理权限和范围；

②确认合伙的期限。不允许某个合伙人提前脱离公司，如果出现这种情况，该如何处理，也应明确规定；

③确认每个合伙者的投资额，所占股份的比例；

④确认怎样分配利润；

⑤确认吸引新的合伙者的办法；

⑥确认每个合伙者的责任及对不负责任造成的后果该如何处理。

筹资的利与弊

中国的传统观念是不借外债。随着社会的进步，这种传统思想有了修正。创业者借钱用作充实自己的资本，实现"以钱赚钱"的致富。

任何事情都有正反两方面，同样，借钱有利必有弊。借钱后无论你运用得是否成功，都必须要按时归还本利。在借钱时必须充分考虑投资风险，别存投机心理，这样很容易导致失败。然而，许多经营者总希望能够筹集到更多的资金，盲目相信融资越多越好。实际这是一种不正确的想法。

生产一种产品，材料费、宣传费、员工工资总和是一笔不小的数目，如果一味抬高价格，往往销售不出去，所以薄利多销的产品居多。

然而，假若某项生意能赚到比利息更高的利润时，你不能因为惧怕高息贷款而放弃赚钱的机会。对于经营者而言，在融资时应当遵循"需要多少便融多少"的原则，只要能够满足自己的投资需求就可以了。贪心太重是不利的。

另外，筹集的资金是不能随便乱用，更不能挥霍和浪费，在使用时要慎之又慎。

低调是避免当箭靶的不二法门

最有益的做人态度是谦虚，真正达到顶级的成功人士都具有这样的修炼。你觉得他们骄傲，那是由于他们分分秒秒流露出自信心的结果，实际上他们必能礼贤下士，面对某方面才干的人，他们的谦厚情操就会流露，显示出他们对知识的尊敬。

凡有出色头脑的成功企业家，他们愈是成功，就会愈尽力保持低调，行事为人的动作不会太大，待人处事沉静得体，有锋芒却收敛锋芒，不喜欢炫耀自己。他们只不过是脚踏实地做事，花巧的事情可免则免，除非花巧和高调具有战略性的用途，否则他们宁可低调行事。

人怕出名猪怕壮。成功企业家知道大名大利易招人妒，所以减少锋芒，这是明哲保身之道。反而是那些在商界发展不久，开始有点成绩的人，由于不像已经成功的人那样充满成功经验，一两件得意的事情，已经令他们感到十分骄傲，就会有意无意地露一露。好比那些艳星，天生丽质难自弃，要有电影商人垂青，就要找机会，在公众场合亮相，争取见报曝光率。

企业家也有这种情况，经常要显露自己的才华，要在社交场合中扮演明星的角色。一些人在没有生意战略意义的场合中，却不甘低调寂寞，要做一点事情，要吸引其他人的注意。这类人在社交圈子中，真是语不惊人死不休，或是做一些大动作引人注目，女人则穿得花枝招展，性感非常。

另一类过露锋芒的情况，是在竞争手腕方面，争取生意时，他们高调处理，无所不用其极，运用各种各样手段以取得生意，赢得订单，而且用高姿态炫耀自己的胜利，对那些竞争中的失败者，冷嘲热讽，不可一世，把电视台收视率之间的竞争，引进自己的事业中去。

商场是竞争的地方，原则上，这是按照公平竞争进行，自由企业精神的发挥，就是要公平，而且要在法律容许的情况下进行。竞争的手腕会受情绪的影响，很多经营者的竞争手段可能并不光彩，对竞争对手会不择手段，采用非法的、具有伤害性的行动，这样对自己并没有什么好处。

崭露锋芒只能在具有争取生意的策略性意义时进行。生意人平时应该保持低调，这是避免当箭靶的不二法门。另外，过露锋芒，每每影响人际关系，大家都喜欢和一些谦虚的人结交，太骄傲，必然破坏关系。商业发展要依赖很多人事帮助，天时地利人和三者都很重要，人和就是要注重人际关系，谦虚可以令人喜爱，多得人助，有助迈向成功。太露锋芒的结果，却刚好背道而驰。

以弱求强

有这样一个发生在美国的小故事颇有借鉴力。

汤姆被单独监禁。有关当局拿走了他的鞋带和腰带，他们不想让他伤害自己。这个不幸的人用左手提着裤子，在单人牢房时无精打采地走来走去。他提着裤子，不仅是因为他失去了腰带，而且因为他失去了15磅的体重。从铁门下面塞进来的食物是些残羹剩饭，他拒绝吃。但是现在，当他用手摸着自己肋骨的时候，他嗅到了一种万宝路香烟的香味。他喜欢万宝路这种牌子。

通过门上一个很小的窗口，汤姆看到门廊里那个孤独的卫兵在悠闲地吸烟。汤姆很想要一支香烟，所以，他用他的右手指关节客气地敲了敲门。

卫兵慢慢地走过来，傲慢地哼道："干什么？"

汤姆回答说："对不起，请给我一支烟……就是你抽的那种：万宝路。"

卫兵错误地认为案犯是没有权利的，所以，他嘲弄地哼了一声，就转身走开了。

汤姆却不这么看待自己的处境。他认为自己有选择权，他愿意冒险检验一下他的判断，所以他又用右手指关节敲了敲门。这一次，他的态度是威严的。

那个卫兵吐出一口烟雾，恼怒地扭过头，问道："你到底想干什么？"

汤姆回答道："对不起，请你在半分钟之内把你的烟给我一支。否则，我就用头撞这混凝土墙，直到弄得自己血肉模糊，失去知觉为止。如果监狱当局把我从地板上弄起来，让我醒过来，我就发誓说这是你干的。当然，他们绝不会相信我。

但是，想一想你必须出席每一次听证会，你必须向每一个听证委员证明自己是无辜的；想一想你必须填写一式三份的报告；想一想你将卷入的事件吧——所有这些都只是因为你拒绝给我一支万宝路！就一支烟，我保证不再给你添麻烦了。"

卫兵从小窗里给汤姆一支烟吗？当然给了。他替他点了烟了吗？当然点上了。为什么呢？因为这个卫兵马上明白了事情的得失利弊。

正因为汤姆看准了卫兵的立场和禁忌，或者叫弱点，因此达成了自己的要求——获得一支香烟。

松下电器的创建者松下幸之助在他23岁那年，听到了上面这个故事，他立刻联想到自己：如果我站在对方的立场看问题，不就可以知道他们在想什么、想得到什么、不想失去什么了吗？

仅仅是转变了一下观念，学会站在对方的立场看问题，松下先生立刻获得了一种快乐——发现一项真理的快乐。后来，他把这条经验教给松下的每一个员工。

站在对方的立场考虑问题，你会发现，你变成了别人肚子里的蛔虫，他所思所想、所喜所忌，都进入你视线中。在各种交往中，你就可以从容应对，要么伸出理解的援手，要么防范对方的恶招。对于围棋高手来讲：对方好点就是我好点，一旦知道对方出什么招，大概就胜券在握了。

尽人事以待天命

谋事在人，成事在天。如刚开始看好的外贸公司就碰上"9·11"；刚热门的旅游公司就遇上"SARS"，对刚起步的生意来说自然是一场无法预料的沉重打击。

世界上有许多事情就是绞尽脑汁，搜集了许多情报，也无法掌握事态的变化。在商场上也是一样，有时算定某种行业看好，一做下来，不巧碰到行业的大萧条，不得不关门大吉。有时某行业或某些商品原以为过时了，不料突然来个什么事故而复兴起来。

在这个瞬息万变的时局下，很难完全掌握住消费者的心理，他们是善变的。但他们的消费倾向无论转向东或转向西，都可能使企业兴或衰。在这种情况下，创业者只能用"尽人事以待天命"来安慰自己。

但是，所谓"待天命"并不是没有前提的，其前提是建立在"尽人事"的基础之上。

消费者的心理虽然是多变的，但无论怎么变总不会一下子变得太离谱，一定有蛛丝马迹可寻。宇宙间的万事万物，都是息息相关的，任何变化都可穷究出它的原因来，像"9·11"及"SARS"这样的灾难总是不多的。

因此，谁能见微知著，在大祸来临之前就能及早警觉，逃之夭夭；在大利面临之前，也能把握机遇一举成功，那么，一定可以稳赚不赔。

当然，所谓稳赚不赔是就长期的经营而言，绝不是单指局部或暂时的胜负。局部战场上暂时失利，在任何商战中都可能发生，那是不可避免的，只好"听天命"了。现在要特别叮嘱门外汉的两点，一定要"尽人事"。

第一就是注视时事，见微知著。从世上大事到街坊小事，都可能对你的生意发生影响，一定要密切注意。

第二就是长期规划，短期决战。做生意当然要选择有发展前途的行业，如果误选了没落行业且投下巨资，结果必将是血本无归。但无论怎样有前途的行业，总不会一帆风顺，总会有些波折。

第四章

为自己的决定迈步

在我们身边，许多相当成功的人。他们成功的原因并不一定是他们比自己"会"做，更重要的是他们比自己"敢"做。

"创业家"的意义

不入虎穴，焉得虎子。如果你想自主创业赚大钱，就必须有勇气，不怕失败。所谓勇气实际上是一种冒险的心理特质，是一种不屈不挠对抗危险、恐惧或困难的精神。但知难行易，一般人很难自己培养出勇气。而今许多人无法经济独立，是因为他们心中存有许多障碍。事实上，创业致富只不过是一种心智游戏，许多百万富豪经常在内心描画发财之后的好处，他们不断地告诉自己，要发财就要冒险。

有一次，摩根旅行来到新奥尔良，在人声嘈杂的码头，突然有一个陌生人从后面拍了一下他的肩膀，问："先生，想买咖啡吗？"

陌生人是一艘咖啡货船的船长，前不久从巴西运回了一船咖啡，准备交给美国的买主，谁知美国的买主却破产了，不得已只好自己推销。他看见摩根穿戴讲究，一副有钱人的派头，于是决定和他谈这笔生意。为了早日脱手，这位船长表示他愿意以半价出售这批咖啡。

摩根先看了样品，然后经过仔细考虑，决定买下这批咖啡。于是他带着咖啡样品到新奥尔良所有与他父亲有联系的客户那里进行推销，那些客户都劝他要谨慎行事，因为价格虽说低得令人心动，但船里的咖啡是否与样品一致却还很难说。但摩根觉得这位船长是个可信的人，他相信自己的判断力，愿意为此而冒一回险，便毅然将咖啡全部买下。

事实证明，他的判断是正确的，船里装的全都是好咖啡，摩根赢了。并且在他买下这批货不久，巴西遭受寒流袭击，咖啡因减产而价格猛涨了二三倍。摩根因此而大赚了一笔！

美国只有少数人是百万富豪，因为只有很少的人是自己开公司的老板或专业人士。美国也算是自由企业经济的中心，为什么只有这么少的人敢自行创业？许多努力工作的中层经理都很聪明，也接受过很好的教育，但他们为什么不自行创业，为什么还去找一个根据工作业绩发给薪水的工作呢？这个问题不仅我们中国人感到疑惑，连美国人也不例外。说穿了，全世界的人都如此。

许多人都承认，他们也问过自己同样的问题：为什么还要当上班族？主要的原因是他们缺乏勇气，他们要等到没有恐惧、没有危险和没有财务顾虑之时才敢自行创业。他们都错了，其实从来就没有不感到害怕的自行创业人。

"创业家"的意义是不畏艰巨，虽千万人反对我也要闯。成功的创业家能克服诸多恐惧。还有的人认为财富跟勇气一样，通常来自遗传。有许多人可能在年幼时就很有勇气，但也有许多人，他们在40岁甚至60岁时，还在培养与增强自己的勇气。

即使是智者中的智者也会害怕，不过他还是勇敢地去行动。恐惧与勇气是相关的，并非不怕危险才是有勇气。如果有更多人了解到这一点，那么将会有更多的人自行创业，也就会有更多的人步入富豪的行列。

成为"商业神枪手"

"你有时可以愚弄所有的人，或你一直可以愚弄某些人，但你绝对无法一直愚弄所有的人。"这句格言在从前的政界适用，在今天的商界也同样的适用。道理很简单，不管你是什么样的产品或服务，你无法满足所有人的所有需求。就一家小公司来说，你必须将你的目标限制在特定的市场或顾客群里——然后，在这一市场里尽力吸取它的养分。

时下，一些企业被一时的胜利冲昏了头脑，盲目扩张，纷纷祭起多元化经营这个"法宝"，在主业未得到充分发展之时，就转向其他部门、其他产业的经营。生产农用车的企业去经营罐头厂，生产食品的企业去办钢铁厂，生产服装的企业去搞房地产，这样的经济现象在一些地区已屡见不鲜。由于技术、人才的缺乏和资金使用的分散，这种多元经营的结果往往导致主业滑坡，主业之外的多种经营也成了包袱。

随着市场经济的发展，人们对企业的认识已从"船小好调头"升华到"船大好冲浪"，实现规模化经营成为不少企业的再发展之路。然而，专家们认为，规模化经营并不等于"大而全"式的多元化经营。

国外许多著名大公司都搞多元化经营，但其前提是主导产业规模已发展到相当程度，并受到反垄断政策的制约，这才转向横向发展。以福建为例，目前该省在全国同行业称得上占据垄断地位的企业微乎其微，而多元化经营的集团却比比皆是，有的集团甚至拥有十几种产业，主业反而被埋没了。

专家指出，在当前经济发展阶段，一味追求多元化经营，其实是计划经济时期的"大而全"经营的翻版，不可能产生集约经营所能带来的规模效益，这是长期以来企业规模上不去，真正的名牌难出来的一个主要原因。

企业发展有其自身规律，扩大规模不可能一蹴而就。企业要真正实现"两个转变"，必须首先突出主业、创出名牌，而后借助主业、借助名牌拓展。即使搞多元化经营，也应注意发展与主业关联度高的行业。

大跨度的多元化经营往往会是经营者失足的"陷阱"。值得注意的是，一些效益较好的企业往往是在当地政府部门的行政命令下被迫兼并其他企业而走上"大而全"式的多元化经营之路的。一些企业因此被迫去经营那些自身并不熟悉的行业，其结果往往是差企业没搞好，好企业也被拖垮。

当然，多元化是企业发展、壮大以及躲避经营风险的必经之路，这一点将在本书的第十一章内详细阐述，在此强调的只是企业不要盲目追求多元化。

总而言之，我们不要做一个"商业神枪手"。在今天这个高度竞争的市场，要成功，你就必须将你的目标放在某一特定的顾客群，然后据此树立一个强而有力、前后一贯的形象。这样的形象有助于确定你的销售目标，精确地命中它，使你成为市场上的神枪手。

大企业称这个过程为"定位"。也就是说，借助强调特别的销售点，诸如特殊的产品、在家购物服务、低价位等，来将你的公司与其他的竞争公司区别开来。这样，你就能迎合这一特定的市场区隔（如对在家购物有兴趣的老年人，追寻时髦服饰的年轻人），占据最有利于赢得他们生意的位置。你仔细瞄准这块精挑细选的市场，制订你的目标，然后跳进去厮杀一番。

然而，许多小公司却恰与此背道而驰。不将目光盯在可辨认的顾客群身上，反而选择了一网打尽，瞄准有钱的也瞄准穷光蛋，瞄准老的、少的、时髦的、保守的……

虽然，乍看之下，这种散弹枪式的方法看起来是明智的（潜在市场越大，潜在销售额越大），但也最经不起考验。追逐广大的市场与其说这样能扩大营业额，倒不如说它限制了公司的潜在销售额。结果，市场是广了，但公司没有一个单一市场是熟悉的，有信用的和能吸引潜在销售额的。况且，目标越大，你越有可能失误。想要独吞一块大饼，你反而会连一粒芝麻都捞不到。

原因很简单，建立成功的形象就等于建立良好的信用。而欲建立良好的信用你绝不能欺骗顾客。你不能说某件商品的价格是全世界最低的，同时，也强调其品质是全世界最高的。顾客是绝对不会相信这两者可以兼得的——而他们通常也是对的。所以，聪明点，将公司的诉求摆在其中之一，不是高品质就是低价位。这就是定位。

在纽约查巴克区的卡洛·F小姐就得到了教训，虽然她尝了不少苦头。当她在纽约的这个富裕郊区开了一家女子服饰店的时候，她企图去吸引全城的人。卡洛库存了各式各样的服饰，从十几岁的少女服装到六七十岁的妈妈装都有，企图去讨好所有的人。

从开始，这不清不楚的形象就困扰着店主。由于企图去迎合这么多不同品位的顾客，卡洛的服饰店从来就没有树立一个清楚的形象。它是时髦的服饰店吗？还是保守的中老年人服装店？还是休闲服饰店？顾客们搞不清楚，所以，他们也就成群结队地避开卡洛的服饰店。

更有甚者，年轻人一看这儿有年纪大的妇人，就纷纷地避开了，他们可不愿被朋友看到在这种店里买东西。另外一方面，老一点的顾客也对店里播放流行音乐的两支超大型喇叭相当反感。这两类客户都不喜欢这家店。

所以，很明显，问题出在众口难调。企图讨好每一个人，这些没有经验的商人常常连一个客人都吸引不到。这类的扩张反而缩小了市场。很幸运，一个友善的劝告令卡洛改正了错误，及时救了这家店。

"我有一位邻居，她恰巧是一位小公司的经营顾问，她发现我犯了这种错误。她建议我将目标完全放在年轻人身上，因为附近正好有一家学院，也许会吸引几百个有点钱、又爱时髦的学生也未可知。"

"我听了他的劝告，结果，却像魔咒一样的有效。我赶快把库存的妇女装低价批给了地摊，然后又进了一系列的进口牛仔裤。我甚至还添了一台点唱机，将地板涂上了五彩缤纷的图案。最妙的是，学生接受了这形象——使这儿成为他们逗留的地方——我的销售额从每月500美元跳到了35500美元。"

你也可以借"定位"来获利，只要你能清楚而成功的建立良好形象。下面是一些指导原则：

（1）将你的目光定在一特定而容易辨认的市场上。

（2）避免胡乱的吸引互相冲突的顾客群。

（3）一旦辨识出你的目标市场，立刻调整你的公司，与这个市场紧密的结合。用相关的广告、商品、促销手段来支援你的定位战略。

（4）要有信用。要让"一诺千金"这句金言深植在你脑海中。以口碑建立起来的形象来经营。

（5）借非正式的市场研究不断地调整你的形象。准备问卷，或利用电话调查，确定你所希望的形象是不是正确无误的传达给客户了。

（6）要努力熟悉你的市场，换言之，要内行。假如你的诉求对象是十几岁的年轻人，你就要学说他们的语言，读他们常读的杂志，你必须要知道，让他们兴奋的是些什么东西，让他们不快的是些什么东西。最后，你会被他们视为"自己人"——而这一点正是"定位"成功与否的关键。

养成生意人特有的气魄

气魄是气质与魅力的综合体现。一个具有领袖气魄的人，言行举止都散发出一种摄人的威力，这种威力可以让部下信服，让对手恐惧。

气魄的养成，首先和我们对人的态度有关。在当今社会里，人际关系是频繁与互动的，不存在什么势不两立的矛盾，不需要争个你死我活。

气魄的养成，和我们对待时间的态度有关。在商业世界里最强调的就是时间，机会稍纵即逝，世界在急剧变化，我们一再告诉自己，最宝贵的就是时间，成功的人必须要懂得创造机会。

对于时间，应持下列观点：不让机会是谓有识，不让时间是谓无度。

机会来时我们当然一定要掌握，否则称不上见识；机会还没到来时，我们则必须等待，否则只有徒乱章法，事倍功半。很多事情，一定要靠时间来沉淀，是"争一时，也要争千秋"。表面上看来这也是气魄十足。其实，只能说蛮气十足。一时和千秋是两回事，如同我们可以选择在山脚看一番风景，也可以选择在山顶看一番风景，但不可能同时既在山脚看，又在山顶看。

当然有人看过山脚也看过山顶的风景，但那还是时间给他的礼物，让他有了个拾级而上、山上山下、风光一览而尽的过程。光是逗留在山脚下，却又要力争一时又千秋的人，那只是他还没仰头，没看到此势的巍然与妩媚。

而我们对人的态度，会左右我们对时间的态度。我们对时间的态度，又会再次左右我们对人的态度。

让策划为决策指路

企业策划就是企业在市场中"向前跑"的方向！

对一个企业而言，确定它决策的主要客观因素是什么？

就是企业的策划。

每个公司都有关于自己企业的一种策划思想，即一幅关于自身及其具体能力的写照。每个企业的心目中都有一个具体的贡献项目，并期望以此取得报偿。"这不是我们这种企业"或者"我们这里不这样办事"，这样的说法可能最巧妙不错地表达了这一点。自然，它也可以用有关企业目标的长篇大论来表达。但是，这里始终存在着一种思想，它决定了决策者如何看待企业，他们愿意采取何种行动方针，而何种行动又似乎为他们所格格不入，或者是不可思议。

企业的策划界定了企业决策的大方向和大目标：

关于企业的策划，总是决定了一个企业将以什么来满足市场，或用何种知识使经济运行卓有成效。因此，企业的策划同时也决定了一个公司所必须取得并维持其领导地位的领域。

即你的企业能干什么，不能干什么，要准确定位。当然，这种定位是根据企业的综合资源来考察的，如人力、资金、品牌等。换言之，企业策划为企业决策确定方向。

企业的策划也需要具有可操作性。它必须导致这样的决策结论，比如，"我们所需的是产品开发，产品开发有可能既开发畅销的产品设备，又产生对开发设备所需的专有供应品的源源不断的需求。"或者："我们寻求与我们的营销组织和经销技术相适应的产品和工艺，凡是不容易适应的产品和工艺，一般就只开发到可以销售或可以向他人转让许可证的程度。"再举一例："我们并不多么在乎适用于一个项目的是哪些具体的技术领域，而是注重于系统设计和系统管理的能力是否为项目所必不可少。"

由企业的策划引出的最重要的可实施的结论之一，或许是关于企业规模的决策。公司是否应该设法发展成大公司？还是仍然维持相当小的规模（至少就其市场和竞争对手而言）更为有利？（绝对大或绝对小的企业都不存在，企业的大小总是相对于市场和竞争而言的），以发展为宗旨的企业与唯有小才能取得最佳绩效的企业，所执行的决策是迥然不同的。

如果企业主管不能正确把握企业的策划，对接下来的企业决策将是一个极其危险的信号！

一个无法以正确的策划界定自身的公司，会变得漫无章法，很可能目标甚多，变得无法控制。

策划能力是经营者根据外部经营环境和企业内部经营实力，进行创意性的构想，是制定方案中确定企业发展方向、目标、战略的能力。它包含以下四层意思：

（1）发现问题的能力

这种能力与前述的创新能力不一样。创新能力是对尚未出现的问题进行设计、设想，对未来作出敏锐的洞察，对"明天"进行立体思维。而策划能力是对现实生产经营活动中出现的问题，运用各种理论知识和经验，作出判断并提出解决办法的能力。

（2）适应能力

企业中有许多问题，都是关系到企业发展方向的，往往需要综合运用多学科的知识，才能做好策划。这对作为企业经营者的你来说，应当敢于面对自己不可能具有多种专业知识的现实，增加适应能力，组织和依靠有关专家、学者共同探讨解决问题的途径，用组织能力去弥补技术能力的不足。你的这种适应性，是强化策划能力的手段之一。

（3）优化能力

一个优化决策，它既具有对实际的"足够低度"，使决策切合实际需要，又具有对权力的"足够高度"，使决策能有效贯彻。这两个"度"的交点，就是决策的"优化点"。你从多种可行性方案中进行抉择时，必须有掌握优化点的能力。同时，你还要认识到"优化"不是"最佳化"，而是"满意化"。在实际中不存在"最佳化"的理想状态，而只有接近于"最佳化"的状态。

（4）自检能力

在策划付诸实施后，主客观条件仍在不断地发展变化。比如，当出现某种新的工艺技术时，就又可能引起生产经营上的某种突变。为了使策划能在动态环境中运用自如，你应不断对已做出的决策进行检验，并及时调整和修正，以保证策划的正确实施。

要有效地发挥策划能力，你要考虑这样五个问题：

①当一项决策摆在你面前时，你首先要考虑到这项策划所涉及的职权范围和限制因素，然后分辨出该由谁来做决定。

②你要考虑策划的价值。鉴别一项策划有没有价值的最好办法，就是反思一下，假如这个问题不解决，将会失掉些什么东西，这样很快就可以看出策划的重要性。

③你要考虑策划的时间性。策划的价值与策划的时间是有关联的，最佳时间的策划，就可以获得最大的价值。如果条件不成熟，就贸然作出决定和选择一项策划，那是冒险；条件成熟而拖延作出决定和选择，优势会转化为劣势，那会坐失良机。

④你要考虑策划的根据和后果。你在策划前，一定要亲自审查所掌握的情况、事实和资料，从而提高策划的科学性。同时，要考虑到一项策划带来的后果和反响，采用必要措施来补救一些策划的偏差面，克服可能带来的任何一点消极的因素。

⑤你要考虑各个方案的利弊，作出正确的选择。你在进行策划时，要仔细衡量每一种方案的优点和缺点，进行利弊分析，把握亏损和获益的准确数据，运用现代科学方法，从中选择出最优方案。

"敢做"比"会做"更重要

在我们身边，许多相当成功的人。他们成功的原因并不一定是他们比自己"会"做，更重要的是他们比自己"敢"做。哈默就是这样一个人。

1956年，58岁的哈默购买了西方石油公司，开始大做石油生意。石油是最能赚大钱的行业，也正因为最能赚钱，所以竞争尤为激烈。初涉石油领域的哈默要建立起自己的石油王国，无疑面临着极大的竞争风险。

首先碰到的是油源问题。1960年石油产量占美国总产量38%的得克萨斯州，已被几家大石油公司垄断，哈默无法插手；沙特阿拉伯是美国埃克森石油公司的天下，哈默难以染指；如何解决油源问题呢？

1960年，当花费了1000万美元勘探基金而毫无结果时，哈默再一次冒险地接受了一位青年地质学家的建议：旧金山以东一片被德士古石油公司放弃的地区，可能蕴藏着丰富的天然气，他建议哈默的西方石油公司把它租下来。

哈默又千方百计从各方面筹集了一大笔钱，投入了这一冒险的投资。当钻到1000米深时，终于钻出了加利福尼亚州的第二天然气田，估计价值在2亿美元以上。

哈默成功的事实告诉我们：风险和利润的大小是成正比的，巨大的风险能带来巨大的效益。

与其不尝试而失败，不如尝试了再失败，不战而败如同运动员在竞赛时弃权，是一种极端怯懦的行为。作为一个成功的经营者，就必须具备坚强的毅力，以及"拼着失败也要试试看"的勇气和胆略。

当然，冒风险也并非铤而走险，敢冒风险的勇气和胆略是建立在对客观现实的科学分析基础之上的。顺应客观规律，加上主观努力，力争从风险中获得效益，是成功者必备的心理素质，这就是人们常说的"应当胆识结合"。

记住："敢做"比"会做"更重要。

走运的人一般都是胆大的

J.保罗·格蒂是石油界的亿万富翁、一位最走运的人，在早期他走的是一条曲折的路。他上学的时候认为自己应该当一位作家，后来他又决定要从事外交部门的工作。可是，出了校门之后，他才发现自己被俄克拉荷马州迅猛发展的石油业所吸引，那时他的父亲也是在这方面发财致富的。搞石油业偏离了他的主攻方向，但是他觉得，他不得不把自己的外交生涯延缓一年。作为一名盲目开发油井的人，他想试试自己的手气。

格蒂通过在其他开井人的钻塔周围工作筹集了钱，有时也偶然从父亲那里借些钱（他的父亲严守禁止溺爱儿子的原则，他可以借给儿子钱，但是送给他的则只是价值不大的以现金购买的礼物）。年轻的格蒂是有勇气的，但不是鲁莽的。

如果一次失败就足以造成难以弥补的经济损失的话，这种冒险事他从来没有干过。他头几次冒险都彻底失败了。但是在1916年，他碰上了第一口高产油井，这个油井为他打下了幸运的基础——那时他才23岁。

是走运吗？当然。然而格蒂的走运是应得的，他做的每一件事都没有错。那么格蒂怎么会知道这口井会产油呢？他确实不知道，尽管他已经收集了他所能得到的所有事实。"总是存在着一种机会的成分，"他说，"你必须乐意接受这种成分。如果你一定要求有肯定的答案，那你就会捆住自己的手脚。"

走运的人一般都是大胆的。除了个别的例外情况，最胆小怕事的人往往是最不走运的。幸运可能会使人产生勇气，反过来勇气也会帮助你得到好运。

第五章

找准你的用人之道

"横看成岭侧成峰，远近高低各不同。"由于各人的观察角度和立足点不同，庐山西林壁映入眼帘的形象也千姿百态。观山如此，看人也如此。人才是企业能进行有效运转的关键，也是企业最重要的资产。要合理地用人，你必须做到用感情凝聚人、用事业感召人、用学习提升人。

学会识别人才

对于人才的定义，众说纷纭。工程师是人才；有人认为远近闻名的人是人才；有人认为身处要职的是人才；还有人认为有一技之长或者发明创造者是人才，等等。这些不同理解，说明人们对于人才的内涵和外延的认识是不尽一致的。

《现代汉语词典》中对"人才"的解释为：德才兼备的人；有某种特长的人。凡是有某种特长或者具有一定的专业知识，在实际工作中有一定的创造能力，做出较大成绩者都是人才。人才一般具有以下主要特点：

（1）特长性。大凡人才，都有一定特长。他们最希望发挥自己的特长。

（2）进取性。人才都有强烈的建功立业意识，总想施展自己的抱负才能，干一番事业。

（3）开拓性。人才大多思想活跃，对事物的认识有独到之处，不因循守旧，没有保守思想。

（4）独立性。他们喜欢独立思考问题，对上不愿唯命是从，对别人不随声附和，人云亦云，注重事实，追求真理。

（5）求知性。热烈盼望有学习的机会，有好学的习惯，善于在工作中随时提高自己。

（6）自信性。他们注重信任和荣誉，为完成任务总是充满信心。

（7）不随和性。有些人才放荡不羁、爱提意见、书生气十足、有某些怪癖等。

（8）不检点性。有些人才在个人生活方面缺乏检点，如不修边幅等。

识别人才不能以一俊遮百丑，也不能只看不足忽视长处，而应全面观察，综合衡量。具体来说要注意以下两点：

（1）不要以点代面。对人才的全面识别，最忌讳的就是以点代面。就是说，看人才要综合地看，立体地看，交叉地看，全面地看，不能一叶障目不见泰山，只顾一点而忘记其余。

（2）不可以短掩长。任何人才，有其长必有其短，识别人才要全面，其中重要的一点就是不可以短掩长。倘若不是全面地识别人才，只注意某一点或某一个侧面，而这一点或一个侧面又正好是人才的缺点和短处，就武断地对他下结论，这是非常危险的，大批优秀的人才将被抛弃和扼杀。

孔雀开屏是非常漂亮的，倘若一个人不看孔雀那美丽的羽毛，只看到孔雀开屏露出的屁股，就武断地认为孔雀是极丑的，那实在是滑稽和不公平的。

广州一家服装厂有一位全厂闻名的"风流女士"，她穿着打扮非常入时，爱标新立异，职工们称她是"服装模特"，也有人指责她"臭美"。而该厂厂长却从她"娇气，虚荣，不愿干粗活"的缺点中发现了她的另一面长处，大胆启用她组织时装表演队，继而又提升为广告科科长，对该厂打开服装销路起了很大的作用。

建立良好的激励机制

企业领导必须要善于引导员工的工作动机，激发他们工作的积极性，从而使员工在满足自己需要的同时，也为企业做出贡献。企业激励机制的建立，同样需要考虑以上的因素，正确合理地评价员工的表现，以合理的报酬制度给予员工所需的报酬，满足各自不同的特定需求，调动他们的积极性。对于企业的管理者而言，你应从其本身的特殊性出发，注意以下几方面：

你必须尽力帮助员工实现各自的个人目标。然而，不少企业领导者却忽视员工的个人目标，一味要求员工工作，不关心他们是否满意，这样下去效果肯定是不好的。

领导应像足球教练米卢亲近队员那样亲近职工，及时地把职工所需的知识技能告诉他们，同时也要为职工制造一个和谐、团结友好、充满自信去争取目标实现的良好气氛。

领导必须注意提高员工的地位，发挥他们的作用，经常虚心地听取他们的批评和建议，尽量让员工参与管理。在可能的情况下，要让员工在某些决策中担负更大的责任，对表现好的员工给予奖励，避免家长制的作风。

融洽、和谐的关系有利于使员工更加忠于自己的公司。当然，不应是盲目尽忠于领导者本人，而应是尽忠于员工自己从事的工作，尽忠于企业。

薪酬制度是激励机制的一个重要组成部分。一个好的薪酬制度，有以下因素需要考虑：

（1）建立具在竞争性的工资比率。一般而言，一个单位的工资水平应略高于或等同于同一地区同行业工资的平均水平，如果低于同行业工资水平，将难以保住和吸引有才能的人才。

（2）物价的上涨、生活费用的提高会影响到每个员工的生活。如果可能的话，你应根据物价上涨的幅度适时提高员工的工资水平。

（3）劳动生产率高，企业有支付能力建立较高的工资水平。

（4）根据不同工作性质，制定适当的不同工作的工资比例，即建立合理的工资结构。

还有其他一些影响工资水平的因素。总之，报酬合理就有利于保护本单位的员工，也有利于吸引其他优秀人才。

高工资可以激励和吸引人才，但并不是自然地激励员工更努力地工作，它必须和工作表现、工作成绩结合起来考虑，使得工资制度真正产生激励的效力。另外，采取给员工一种小额优惠福利的政策，即在企业建立福利资金，也有利于激励员工，吸引人才。

俗话说，气可鼓不可泄。企业间的竞争有多种形式：产品竞争、经营方式竞争、技术竞争等等，但归根结底是人才竞争，而人才竞争的关键是人才的精神状态、员工情绪的竞争。激励，则是士气的强心剂，是鼓舞高昂士气的良方妙药。

影响一个人积极性的因素是很复杂的，由于每个人的性格、脾气、志愿、爱好、觉悟、气质、情境和所处的环境等的不同，对外部世界的反应也不相同，因而激励人的积极性是一项极为复杂而细致的工作。

要想做好人的工作，首先要分析研究人的行为模式，即是什么支配人的行为，如何诱导人的行为向积极的方面发展，以促使每个人都产生积极的行动。具体说来就是，由于人们的需要未得到满足，从而激发了动机，导致了行为，需要得到满足后又产生了新的需要，这样周而复始，循环无穷。

在美国的麦考密克公司的发展史上，曾出现过几乎倒闭的经济危机。公司创始人W·麦考密克是个性格豪放、江湖气十足的经营者，但他们的思想观念和工作方法逐渐落后于时代，公司搞得十分不景气，陷入了裁员减薪的困境。

正在这时，他得病暴死，公司经理一职由他的外甥C·麦考密克继任。新经理一上任即向全体员工宣布了一项同他的前任截然相反的措施："自本月起，薪水增加10%，工作时间适当缩短。本公司生死存亡的重任落在诸位肩上，我希望大家同舟共济，协力渡过难关。"原来要减薪一成，如今反而提薪一成，劳动时间还要缩短，职工们顿时听呆了，几乎不相信自己的耳朵。

后来，面面相觑的员工，转而面对C·麦考密克的新政表示由衷感谢，全公司士气大振，上下一致，一年内就扭亏为盈。麦考密克公司激发员工的危机感，带领大家背水一战，是激励；加薪，振奋员工精神，使其得到温暖和鼓舞，也是激励。

把握用人策略

（1）不要事必躬亲

美国管理协会前任会长罗仑斯，阿普里曾经为"管理"下过这样的定义："管理是通过他人将事情办妥。"可是，许多经理者却常常试图自己将每一件事办好，这是一种不明智的行为。由"重要的少数与琐碎的多数原理"可知，经理日常只需处理少数重要事物即可，而将其余琐碎的多数事物，委托给下属处理。

如果事无巨细经理都亲自办理，不但琐碎的多数事物将占用他的大部分时间，致使少数的重要事物不能做好，而且还会影响下属发挥才能的机会。所以，"事必躬亲"就成为许多经理的一个严重的时间陷阱。跨越这种陷阱的唯一途径只能是"充分授权"。

（2）不要与秘书不协调

一提起"秘书"，相信许多人的脑海里立刻涌现这样的形象：第一，她是一位女士；第二，她在一般机构中均属可有可无的人物（花瓶）。这是非常令人遗憾的看法。导致这种看法的主要原因，在于主管未能正视秘书的工作性质。

在许多经理心目中，秘书的工作不外乎接听电话、接待顾客、打字、速记与管理档案。固然这些工作都属于秘书的职务范围，但秘书所能履行的与所应履行的工作并不只限于这些。

美国的"全国秘书协会"曾为"秘书"下过这样的定义：

"秘书即是行政助理，她（他）具有处理办公事务的技能，在无直接监督的情况下，足以承担责任，能运用自发力与判断力，以及在指定的权限内有能力制定决策。"由此定义可知，秘书是具有特殊身份的幕僚。就企业而言这种特殊身份表现在秘书与经理的紧密的工作搭配上。

能符合这一定义的要求者并不限于女性，有迹象显示，愈来愈多的男士乐于担任秘书职务。在秘书的配合与协助下，经理与秘书将成为企业组织内部的一个小型的"管理队伍"。因此，将秘书视为一般机构中的边缘人物，也是不对的。

既然经理和秘书是组织内部的小型管理队伍的成员，这两个成员之间务必相互配合，以避免浪费彼此的时间和精力。身为经理，你与秘书之间必须定期地（至少半年一次）检查自己与对方的时间误区，然后再共同研究跨越这类事件陷阱的对策。

当你的时间陷阱及秘书的时间误区经过上述的步骤寻找出来后，你与秘书必须坐在一起共同分析两个人的时间误区之间的关系，了解每一个人如何为对方制造时间陷阱，以及将来应采取哪些措施，才能避免为对方制造时间陷阱。

除了采取上述方法探索及回避经理与秘书之间的时间陷阱之外，你首先应做好对秘书的选用及训练工作，以确保秘书成为你的管理队伍中的左右手。

（3）不要对部属有偏见

一个人以过去的经验来推测现在的人和事时，难免会有某种程度的偏见。有时，这种经验虽然能使人预先得以采取某些防范的措施，起到一定的积极作用，但也有很多时候，过分的偏见和防范会产生很多不良影响。

尤其对于一个经理来说，你所处的位置比较独特，如果对某一个人或一件事单凭着个人的经验就作出结论，显然是不妥当的。

汉初名将韩信，最初在刘邦手下时，并没有受到重用，因为刘邦认为他甘受胯下之辱，是懦夫，不能为将。韩信无奈准备投奔他处，才演出"萧何月下追韩信"之佳话，萧何冒死进谏，让汉王刘邦封韩信为将。刘邦也不愧是识才的名主，在看到韩信的将才之后，便毫不犹豫地将大权交给韩信，从而成就一统天下之伟业。

作为现代企业的经理你必须反思一下，自己对某些下属是否仍持有偏见，如果有的话先将这种偏见放置一边，不妨从实际工作中认真考察，这样也许你会有新的发现。

（4）不要超越职权

不少企业的经理都有一个通病，就是好超越权限办事，客人来时，他们会亲自带领客人参观考察，本来不必他们陪客人吃饭却非要亲自作陪，其实席间也没有什么大事可谈，工作上有了难题，他们也会自己计划，自己谋求解决办法。

这一点当然不错，但对于自己同级同事业务范围内的事也喜欢把手伸进去，还硬说是"帮忙"，他们不仅喜欢独自召开会议，连会议记录也一个人承包下来。虽已命令了部属拟订计划，却还是不放心，暗中也拟定一份，欲与部属一争高低。这些都是越权办事人的种种表现。

遇到这种"全权作业"式的经理，和他同级的同事会怎样评价他呢？他们会说："哎，这个人就喜欢表现自己！"他的部属甚至也会想："我们根本没有存在的必要，工作就让给他一个人做好了。"因为他们也必然要失去工作的积极性，这种经理不但干不好自己正常的工作，而且还会影响到整个公司的大局，因为这种经理在部属眼里实在没有地位和威信，谁也不会服他，工作自然就无效率。

因此，即使你自己再精明能干，也不能越权随便夺取同事或部属分内的工作。反过来，经理也应适当把权力下放给部属，给他们独立决策自己分内之事的权力，你也可以省下精力去专心研究策略方面的工作。

（5）不要强硬压制部属

压制了部属到底会产生怎样的不良影响呢？通过下面两个实例，就能得出结论。

美国一家造船公司有一员工，利用休息时间在草地上打高尔夫球时，将球打到了某位同事身上。也恰好就在这一天，另一位员工在大楼屋顶上练棒球投球，球没接住，落到楼下，又打伤了马路上的一位老人。

公司老板在当天就不加思索立即下令严禁在厂内搞任何体育活动。结果员工们在休息时间只有一边晒太阳，一边三五成群地唠叨着对公司的不满了。员工们的工作情绪也因此一落千丈。

由于这种局面出现得太突然，使得从上级到下级都有点不知所措了。这就是压制直接带来的负面效应。

其实这家公司，完全可以在运动场四周装些铁丝网或栅栏，员工们玩得既开心，又放心。或是取消危险性高的运动项目，增加一些简便的运动设施，也就不会发生上述令人左右为难的事情了。总之，只考虑到不好的一面而对部属乱加压制，实在不是解决问题的良策。

（6）不要以头衔压制部属

在实际工作中，有些经理常以某某头衔自傲，妄发言论或任意否决，平日好管闲事，说起话来官腔官调，喜欢教训人。

当这类经理数落部属时，他的部属当然表面不敢吭声，心中却不服气，有些部属，甚至下去就把这些载入日记了，专等着有朝一日他倒霉了，再找他算这一笔旧账。

"早知如此，何必当初"，只要经理们靠头衔压制部属办事，到头来，迟早都会有如此感慨的。

（7）不要对部属滥用权力

"别多问，这是业务命令，上级也是这样指示的，照着做就行了"。

像这种不顾部属的实际情况，而只管对部属发布强制式命令的做法往往会使部属产生反抗心理，而收不到预期的效果。

一个真正优秀的领导，绝不会依靠权力来行事，再说，部属本来也知道要敬重领导，那你又何必处处滥用你的权力呢？

作为一个经理，当你的部属不按你的意思做事的时候，你应该找他坐下来谈。即使不是用很强制的态度运用权力，也足以表明，出于对部属的不信任才这样做。

要相信部属，这是最重要的，当期待部属有所表现时，首先你要相信他的能力，无论多不可靠、多无能的部属，当委派他去干一件事时，就不能再轻视他的能力了，应当给他的努力行动以必要的支持。即使你自己有好的构想，也要放在心里，在部属不能提出比自己更好的提案时，要耐心地帮助他们，鼓励他们，给予他们意见和忠告。

如果一个经理，乱用权力干预其部属的工作，不但关系搞不好，部属倒霉，经理也要跟着倒霉。相信高明的经理是不会这么做的。

指示下属八分即可

有些老板常容易犯指示过于详尽的毛病，他们明知道有些事情一定要交给下属办才行，但是却又不放心交给下属去办，因此，不知不觉中就会一再地交代他们：

"要按××顺序做。这里要这样做，这点要特别注意……"

事实上，这些指示老板不说，下属也都已知道得非常清楚，可是老板却仍很仔细地一再指示各项事宜。

作这样详细指示的人，大部分是新创业的老板，用人的经验很少，另外也有可能是从事专门职业或技术等的管理人员出身。

期望把工作做得非常完美，当然是一件很好的事，但是这样过于详尽的做法，反而会带给对方不愉快的感觉。这是什么原因呢？

受到详细指示的下属，开始时会认为，你不信任我，为什么还要把工作交给我？因而产生不满或不信赖。然而，因为不想表露出来，只好对你说："知道了。"然后乖乖地按照指示行事，每天都重复不断地按照你的指示行事。

后来，他会发现按照指示工作，实在很轻松，最后，甚至变成有指示才会工作。有这种态度之后，就会变得消极、被动，而且年轻人特有的热情和精力无法在工作中发挥，就会用在工作以外的事情上，慢慢地他会对工作不再热心了。

下属过着不用脑筋思考的日子，最终导致他失去思考和判断的能力，这是非常严重的事。有些人到了相当年龄仍然没有任何能力，大部分都是如此造成的。所以，如果一个人放弃思考的机会，最后也将失去思考的能力。

非常详尽地指示，然后感叹别人工作态度消极的老板，就是不了解这是因自己的行为所造成的后果。因为，太多、太详细的指示，将造成难以弥补的憾事。

如果你认为应对下属做十分详尽的指示，那么你最好忍耐一下，只下八分的指示就好，其用意是要留下让对方思考的余地。不管对新进或资深员工，都要按对方的能力，而决定指示的程度。

用授权提升绩效

帮助员工重新获得他们自己的权威和力量，以对自己的工作生活做出适当的反应。别揽权在身，这是领导技巧的极致表现。

　　"我的员工总是不肯负起责任去完成一些工作，哪怕是一些我认为当务之急的事情，请帮助我解决这个问题。"在一次企业管理研讨会上，一位中型企业的总经理如是说。其实，这不仅仅是困扰着一家或几家企业的难题。

　　长期以来，有很多企业的总经理都在各自的企业中扮演着"世界级救难者"的角色。他们或许这样认为：公司是我白手起家打拼出来的，公司的一切决策权当然是我掌握，员工能循规蹈矩就行了。

　　于是，他们便总是在每件事情中间来回奔波，事必躬亲地去插手控制几乎每一件工作。但是公司的绩效却总是难有大幅度的提高，甚至有所下滑。这是什么原因呢？于是聪明的企业家悟到：是到了该"授权"的时候了。他们开始制订制度，分派工作并追踪进度，但所有的决策过程依旧掌握在他们那里。

　　于是，员工们在工作进程中不断地向他们咨询和请教每一个小细节，结果是他们花在这些上面的时间有增无减，"授权"工作最终未见成效。那么怎样授权才是合理且又行之有效的呢？

　　美国的大卫·麦克莱兰提出："人有三种基本需求，成就需求、权力需求和归属需求。"这三种需求是紧密相连的。当员工走进你的公司后，他们在出色完成本职工作并获得公司付给他们的应得薪金，还有一些奖金和表彰。这样，职务薪金满足了他们的基本温饱需求，奖金和表彰又给予了他们一定的成就感。

　　在这种成就感的驱使和激励下，他们渐渐进入了一个最佳工作状态。需要提醒的是，这只是一种凡事听命于权威，而不愿去负担任何责任的工作状态。当这些扮演着"世界级救难者"角色的总经理们居高临下大包大揽地做出决策后其结果如何呢？无论他们做了什么，却总是不免出错。"这都是你们的错！"甚至准备解雇员工。

　　于是员工们会说："这些不都是你的决策吗？我们不过是听命行事而已，这有什么错？"总经理们也许忘了，不论是在部门、车间或流水线里，他们都是各自领域的专家，这是不争的事实。他们知道怎样完美地去做完自己的工作，如果他们不具备这种技能的话，你是绝对不会雇佣他们并且从他的利润里拿出钱来为他们发薪水的。

那么错的是谁呢？难道是你吗？你比员工更加努力地工作着，几乎到了废寝忘食的地步。但在这里，我将不得不告诉你这个无情的事实："正是由于你缺乏对员工的信任而揽权在身，使得他们只仅仅是为了维持生计而臣服在你的权威下，毫无创造激情地机械重复着每天的工作，永远地扮演着逃避责任者的角色。"

人在儿童时期就学会了如何做"世界级的逃避责任者"，他们会为逃避责任找一大堆借口："我现在不能清理房间，因为我还有很多功课要做""这不是我的错，是因为……"不胜枚举。身为一位领导者，你的当务之急是要鼓励员工们忘掉他们过去所学到的或已习惯的逃避责任的心态，帮助他们重新树立起："我应当担负责任"的模式，并将之转化为"我能有效而适当地对工作生活做出反应"的状态。

此时，你的工作是为你的员工创造良好的工作环境，把自己从千头万绪的微观、具体的工作中解脱出来，站在宏观调控的角度去着力协调各单位之间的协作关系。让你的员工们分别在各自的领域中扮演权威者的角色，并使他们的利润也随授权而最大化地增长。

这样，他们就会感觉到自己的能力与工作态度得到了公司的充分认可和倚重，并且会意识到原来自己的工作是公司运作的重要环节之一，于是一种极大的成就感油然而生。随之是强烈的归属感："这公司是属于我们自己的啊！我们还有什么理由不为它努力工作呢？"至此，最佳的职业工作生活质量产生了。

那么，授权就实现了吗？不，还没有，不要忽略了一个极其重要的环节，那就是：你要将授权对象的自我期许，通过有的放矢的培训，提升到足以鼓励他们会在今天出现非常成就，继而在明天创造出优秀业绩的理想境地。

有这样一个故事，一位大公司的总裁到一家下属工厂召开现场改善办公会。在会上，总裁颇具民主作风地向现场的职工征询如何有效提升工作绩效的建议。一些员工提出：公司授予工厂主管的财务支配权太小，只有10万元的审批权，而一旦工厂里出现一些亟待解决但却超过主管财务支配权限的问题时，则需层层申报，当经过烦琐的组织程序将现金批下来时已经延误了工作进度。

他们罗列了一些例子来着重阐述，他们希望公司能就此问题做出改善。总裁听后当即宣布将工厂主管的审批权提高到100万元，此举顿时赢得了员工们的热烈欢迎与拥护。但是轮到工厂主管担心了：我能很好地运用这项权力吗？如果我支配错了10万元甚至100万元，这个责任我承担得起吗？也许会被处分甚至解雇。

这位主管的忧虑并不是多余的，这里便涉及一个我们称之为"授权预期"的问题。显然，在你准备授予员工任何重要权力之前，对其进行有针对性的培训与适应性的锻炼是十分有必要的。所以，在你的公司里建立一个员工提升及授权预期的培训机构不失为明智的决定。

现在，你可以为你的员工授权了。那么，谁是执行这项工作的人谁就将是该工作的负责人。他将承担这件事的一切责任。既然他是这项工作的专家，他就将扮演决策者的角色来决定如何能使这项工作日臻完美。在新的管理模式中，谁是实际执行者谁就拥有最大的权力。这样，你的授权完成了。

在充分授权后，你将扮演一个雁群首领的角色，并且十分有必要成立一个由包括市场、销售财务公关、人力资源研发质监等多部门的专家组成的松散型小组，以快速准确的分析处理来自企业内、外部的各类信息，据此及时做出导航性的决策，以指导各分权部门的具体工作。

这个小组还有一项重要的职能，就是着力协调各部门关系，使其加强沟通，消除部门之间的鸿沟，促使各部门结成战略合作伙伴关系，通力合作使各部门的业绩取得最大化，最终达到提升公司整体绩效的目的。

Chapter 6
第六章

找到真痛点，远离伪需求

当你沉醉在自己的伟大创意中时，是否意识到自己可能踩在一块浮冰之上？

真痛点才是坚实的土地，可以承载你的脚步去远方。伪需求只是浮冰，太阳一出来，你就会掉进冰冷的海水里。

找到并抓住用户痛点是互联网创业的前奏。根据统计，有超过四成的失败创业公司源于没有抓住用户真实痛点。

创业时最应当避免的

曾有人在网上提问："如果有一件事是创业时所最当避免的，你觉得会是什么呢？"

排名第一的回答来自一名连续创业者："如果你不知道哪些用户最迫切地需要你的产品，就别去开发。解决不存在的痛点，是创业公司最常犯的错误，没有之一。"

周鸿祎曾说："我们内部有人做了电子捕鼠器，配置都很高端，唯一需要的就是把老鼠抓了放进去。"这是一个冷笑话，但饱含了大智慧。城市里有几家还有老鼠，乡镇人家也许会有，但是为什么人家不养猫、不放老鼠夹，要花一大笔钱买电子捕鼠器呢？"

那么贵的捕鼠器，谁真要是买回家，本身就会成为用户的一个"痛点"吧，一看到心就发痛。市面上充斥着各种智能硬件，看起来一个个都高大上，但多数忽略了一个前提：没有几个人想买这个东西，因为用不上，不是刚需。所以，周教主认为："做产品最大的限制不是体验不好，体验不好可以改，最大的问题就是伪需求。"

2014年5月，南京正是花红柳绿的大好季节。单丹丹独自在新街口的中心广场的孙中山铜像下转悠，这个一向自信好强的川妹子的心情有点郁闷。她苦心经营了3年、并投入300万自有资金的"筷乐777"夭折了。

其时，滴滴、快的的打车补贴大战硝烟弥漫，美团、饿了么以惊人的速度开疆拓土。全国山河一片O，创业者只要穿个O2O马甲，就能吸引诸多投资人的目光，却没有一个投资人对单丹丹的"筷乐777"多看一眼。

筷乐777成立于2011年7月，除了给用户提供附近餐厅信息、餐后点评与发放优惠券这些常规做法，筷乐777有一个独门暗器：在线订座位。

做了十多年物流的单丹丹坚信这是一个很棒的创意，这个创意是来源于她上餐厅的一个苦恼：经常没有餐位或合适的餐位。恰好，单丹丹的一个好朋友从硅谷回国，打算自主创业，于是两个就坐在一起商议在线订座这件事。

朋友告诉单丹丹：美国的opentable就有这个网上订座项目。朋友提出不如做物流方面的货车匹配，但单丹丹不同意，她认为物流很难做。朋友问她为什么？她结合自己十多年的物流行业经验，列举了不能做的数条理由，数据翔实、逻辑严密，几乎无懈可击。于是，他们最终达成一致：将opentable拷贝了过来，做在线订餐厅座位。

等项目运营了三个月，单丹丹逐渐发现在线订座对用户并没有什么吸引力。她加强了产品的宣传与地推，但是用户量始终在1000上下徘徊。2013年11月，拥有海量用户的大众点评网将在线订座嵌入其产品，但使用的用户并不多。

通常来说，人们感兴趣并且愿意把钱花在两件事上：第一，能够降低痛苦指数；第二，可以提升快乐指数。用大白话说，就是让"我"不再那么痛苦，或让"我"感觉超爽，"我"就愿意埋单！

而相对提升快乐指数来说，降低痛苦指数更能让人迫不及待。道理很简单：好听的音乐可以明天再听，或者不听也行，但是牙疼时的消炎止疼药，可是等一秒钟都觉得漫长。这意味着创业者做"降低痛苦指数"的生意，往往要比做"提升快乐指数"的生意要好做得多。

就筷乐777的订座而言，用户的确有一定的需求，但这种需求只是"提升快乐指数"，其提升的程度又远远没有达到"超爽"。虽然产品满足了用户的某些需求，但从产品端看只是一种"伪需求"，形成不了核心竞争力，不足以支撑一个商业模式。

跟筷乐777一样，一家叫"小农女"的公司也在伪需求上栽了跟斗。创始人杨威经常听到身边的朋友抱怨忙得没时间做饭，他觉得要是帮这些人解决买菜这件麻烦事，一定会受到很多人欢迎。当即找周围的同事问了问需求，大家都说有需要啊。于是联合几个小伙伴，在2013年6月将待客买菜的产品上了线。用户在前一晚通过微信平台下订单，小农女会在第二天下午4到6点进行半成品净菜的配送。之所以做半成品净菜，一是帮用户省时间，二是可以将价格卖高一些。

这个项目做到年底就停了。原因很多，但排在第一位的是待客买菜是伪需求。当初调研的时候大家都觉得这个服务特别好，但是实际开展后，那些叫好人还是会大部分懒得做饭吃。大家心里想自己做饭吃，但实际上会有N个原因不去做——虽然免除了买菜麻烦，但还有做饭炒菜麻烦、洗碗麻烦，还有今天上班太累，或加班太晚……总之原因多多，根本就不是解决买菜问题就可以了。

不经常做饭的继续不经常做，而经常做饭的更愿意自己去超市买菜。因此，除非小龙女能一条龙解决完做饭的所有环节，否则没戏。然而，所有环节都解决了，那还叫自己做饭吗？

根据我在各类创业谷、众创空间的调查走访，发现至少有一半的互联网项目是围绕伪需求来设计的产品和商业模式的，这样的项目如果不及时调整方向，注定是无法从0到1。

每一个痛点都是一个机会

贴着"90后创业者"的王宁，除了长相之外，与其他90后的气质与风格有很大不同。他内心旋转着一个小宇宙，但举止言谈成熟冷静，没有一丝90后身上常见的张扬与浮躁。

"什么事情追求做到最好，感觉失败挺丢人的。小时候上学时候如果做了第二名都觉得难受极了，如果哪天老师没有表扬自己都觉得失落。争强好胜，好斗，一定要做到最好，哪怕是一个娱乐节目的彩排，也要做到最好，百分之百最好。"

但是上高中后，他的成绩并不优秀，整天将时间花在看报纸之类的"闲事"上面，甚至会"无聊"地分析报纸上哪个广告文案好，哪个不好，不好的应该如何改进。上大学之后，王宁变本加厉地不爱上课了。大一大二时一上课就睡觉，大三大四干脆不去课堂了。每次开学的第一堂课，他第一件事是找老师说："您能不能把我当作一个实验品，让我从社会大学毕业一次，也许你们会培养一个不一样的大学生。"老师们也很开明，只是要求他期末考试及格就行。

这么争强好胜的孩子，怎么一下子就不上进了呢？

其实，王宁并非不上进，而是将上进心用到了别处。大一大二到处实习，从新东方到微课堂，大三大四则干脆去做了全职。2014年6月大学毕业，他就辞掉猿题库的工作，拿到了300万的天使投资开始创业，2015年2月4日Keep上线App Store。上线一周后，Keep就完成了A轮500万美元的融资。A轮的资金还没到账，B轮1000万美元就谈好了，估值1亿美元。融资极为顺利的背后，是Keep这款产品打动了市场。

Keep是一款移动健身指导应用，通过视频课程的方式教用户健身，针对不同的人制定不同的健身减肥计划，可以每天记录自己的训练进程，并通过Keep和好友对比每天的变化。

看起来没什么啊。事实上，在Keep火爆之后，王宁接到不少邮件跟他说：这个想法我早就有了，只是还没有做。有的甚至跟他说：产品跟我当时想象的一模一样，要不我来你这里当产品经理吧。

可成功绝对不是偶然的。Keep解决了健身减肥人士的两个痛点：一是时间与空间的限制，二是对健身知识的严重缺乏。

传统健身减肥，除了跑步之外，其他一般要去专门的健身场馆办一张卡，其实一年也去不几次——根据测算，办卡的人年均去健身7.5次。为什么花了一笔不小的钱，却不太去健身？因为去一趟太费时费事，都市节奏更快，要腾出一大块时间去健身房不容易。

那么，自己健身如何？对大多数人来说也不现实。王宁在大学期间就尝试过，围着校园操场从三五圈开始，跑到二三十圈，在两个月内成功将170斤减到150斤。又坚持跑了一个月，结果再也减不下来了。上网一搜，才知道了平台期，怎么解决，问百度，问知乎，问豆瓣，都没有得到一个很好的答案。每个人都有不同的方法，但都不系统、全面。

针对这两个痛点，Keep请专业健身教练录制了一些短视频课程，并优化到每个视频在5MB以下，同时通过用户的基础数据信息推送最适合用户的课程。每一个小白用户，都可以通过手机随时随地"傻瓜式"健身。

"每一个痛点都是一个机会。"这句话是维诺德·科斯拉说的，他是硅谷最成功的风险投资人。

围绕三个方向寻找用户痛点

几乎每一个互联网创业者都坚信自己找到用户痛点，但经过市场考验后，发现自己想得实在太天真了。

然而试错是需要代价的。如前面谈到的"筷乐777"，创始人试错的代价是300万自有投资，外加3年的时间。

那么如何更准确地找到用户痛点、从源头上提升创业成功率呢？

京东创始人曾说："这是我们永远不变的一个框架，我们做的所有的投资，我们发展的一切一切都围绕着三点，要么降低成本，要么提高效率，要么提高用户体验，如果跟这三个没关系的，我们坚决不做。"

他的话其实给出了寻找用户痛点的三个方向：价格高的，效率低的，用户体验差的。

小米手机当初之所以一战成名，很大的一个原因是价格低。没有屠夫一般的价格，参与感、粉丝营销都失去基础。五年前，双核手机开始流行，但是价格高，苹果双核要卖6000元，三星卖4000多元，国产也不少于3000元，小米 只卖1999元。这就是抓住了最大痛点。360的周鸿祎更狠，直接将杀毒软件变为免费，可谓一招制敌。

所以，更低价或免费是用户永远的痛点。而创业者所要考虑的是：如何在同等品质甚至更高品质的前提下，做出低价或免费的产品。小米手机在人力成本、营销成本、渠道成本、单位制造成本上做了很多创新，结果将成本大大压缩。而360则直接采取"羊毛出在猪身上"的模式，靠其他增值服务盈利。

提升效率，意味着给用户节省时间成本。京东自建物流的理由也许有很多，但站在用户的角度，高效是很多人首选京东直营店购物的重要原因。在北京和深圳，多数时候下单后2小时到货。问过身边的朋友，有不少也是基于京东的高效而首选京东直营店。

低效永远是用户的痛点。出版行业是一个典型的低效行业，一本书从初审到下厂，费时费力。对内文的编辑加工姑且不说，光是复审时对版权页格式、目录与正文对应、目录与页码对应、页眉与章题对应的校对，就要耗费不少人力，而且一不小心就会出错。如果开发一款软件，用软件来负责这类工作，是不是会得到出版社编辑的欢迎？

关于体验差，医疗行业肯定排在前三位。各种不爽大家都深有体会，在此不必一一罗列。那么最近各类移动医疗兴起，有一个面向孕妇的应用，用户可以通过手机APP挂号，预约好孕检的准确时间。见了医生，假如需要做进一步检查，交费也可以通过手机支付，不用挺着大肚子上楼下楼找收费处。如果一切正常，就可以拿到报告回家，如果有问题，手机会通知你需要看哪个医生，你通过手机预约即可。药单也可以下到手机上，手机支付后到药物科室领药就可以了。用户最讨厌的是烦琐与复杂，因此这个应用受到很多孕妇以及医院的欢迎。

互联网时代的用户体验三要诀：别让我想，别让我等，别让我烦。排名第一位的，就是别让我想，人们讨厌学习，讨厌复杂的东西。

通过以上三个方向寻找到用户痛点之后，还需要进一步确认。

王宁在做keep之前用百度指数查询"健身""瑜伽"等关键词热度，发现从2006年到2014年的平缓增长被骤然打破："2014年到2015年，一年的时间翻了3倍，这不仅意味着需求的井喷，而且他们选择求助于百度（百度指数的数据来自用户主动搜索行为的统计），正是因为确实欠缺这方面的知识，希望寻找经验。"这些数据佐证了用户健身知识的严重缺乏是一个痛点。

除此以外，王宁还"深入群众，体验民间疾苦"。他加了n个运动健身QQ群，通过闲聊了解用户。对于身边爱好健身的朋友、熟人乃至陌生人，他都进行了大量深入的了解。这种方法比正式的问卷调查要真实有效得多。

事情做到这一步，找准用户痛点的概率已经大幅攀升了。

解决痛点的产品往往特别简单

2001年，金星进入互联网行业，先后在TOM、猫扑网、千橡互动、腾讯、VML IM2.0互动营销集团任职。期间创业两次，均以失败告终。

因为母亲是整形医生，金星对整形行业有一些大致的了解。2013年初，他通过查阅了资料，得知国内整形行业的体量已经是千亿级了，而且连续多年以30%的增速保持增长。预计到2018年产值将达到六七千亿元，成为继买房买车旅游后的第四大个人消费热点。

金星感觉整形行业大有可为。为此，他专程去了一趟韩国考察，发现韩国的整形医院满街都是，美容院反而很少。很多女孩子不愿意去美容院，而是选择每年去几次整形医院，做皮肤管理之类的项目。

一方面是市场需求非常旺盛，但另外一方面较为混乱的市场。不少人想去做整形又不敢去做：是不是正规医疗机构？会不会把我整坏了？

整形市场在高速发展的同时，整形医院和医生水平良莠不齐，给消费者带来很大风险。同时，因为政府严禁整形广告上电视，大量整形医院只得在搜索引擎上血拼，某些关键词点击单价高达999元。获客成本的攀高，导致部分医院无底线欺骗压榨消费者。

整形医院与消费者，家家有本难念的经。医院想降低获客成本却没有途径，消费者想找靠谱的医院同样不知道怎么办，两边都有痛点。

作为互联网老兵，金星一眼就看出"信息不透明"是痛点的根源，而互联网最擅长的恰恰是将信息透明化。

2013年10月，新氧PC端与移动端相继上线，进军整形行业。这是金星第三次创业，第十次做社区。在解决用户痛点，也就是信息透明化上，金星一开始是这样的产品思路：

在整形行业，消费者去找靠谱的医院、医生特别困难，因为这涉及一些专业的知识，水非常深。他们极容易受到各种忽悠与误导，就好比你家要装修，十个装修队，你很难一下子评判出哪家最好。所以他第一个想到的是做一个数据库，将医院和医生从几个维度进行量化。以医生为例，一个维度是他的医疗职称、学术职称、行政职称，还有毕业院校、从业年限，学术论文发表等详细情况。对医院则从级别入手，是几级几等，占地多少，博士和硕士多少，所获荣誉……总之，做一个非常翔实的数据库。将这些数据公开展示，用户应该就可以做更好的决策了。

这是典型的工科思维，实际上对于用户并没有什么用。你要求用户根据各种要素，赋予不同的权重，像精算师一样将得分加总，最后根据得分多少来做决策……想想都崩溃。好的产品有一个共性：能够让用户快捷简便地通过产品达成他们的目的，而不是让用户在一堆复杂的数据中去探索。用户不会关心你这个复杂产品是多么科学精确，他们更相信所见即所得，无数标杆产品已经早就验证了这个道理。

因为女性占整形美容人数九成，金星留心了女人的决策方式。一个女士的朋友去了某家整形医院拉了双眼皮，恰巧那次做出来非常好看，这个女士在要拉双眼皮时就毫不犹豫地去找这家机构的那个医生。女人注重的是直观的效果，不看重这个医生有多大年纪、从业何处，是不是教授，有没有发表论文，甚至连医院是否有资质也会忽略。

于是，金星马上调整了产品思路，做一个类似于大众点评网的整形平台。他说："我觉得这个市场其实非常需要有一个平台，能去帮助消费者去做一个消费决策的辅助，就比如说你吃饭去大众点评上看哪些餐厅好，你去做整形也需要一个平台，上面汇聚很多网友的分享，哪个医院做什么项目比较好，哪个医生做手术有特色。"

初期的推广，金星用了一个小小的偏招：雇了一些大学生做兼职，将韩国类似社区的一些帖子翻译后搬到自己的论坛。虽然没有足够的预算买搜索引擎的关键词，但这些翻译后的帖子因为是"原创"，在自然搜索中排名靠前。不少通过搜索来到新氧圈子的用户，很快就被社区的热烈的分享与讨论所吸引。其实，社区初期的旺盛人气也是进行团队内部"营造"出来。

在新氧的PC端与移动端社区，用户可以分享自己的整形经历，记录自己的术后恢复历程，还有症状求助等等。如"鼻部修复术后第19天打扮了一下"，或者"各位氧气，看看我脸上需要动哪里？因为相机问题，本人其实是大饼脸"。配合各种晒图，玩得很嗨。

基于10多年做社区的经验，金星鼓励社区用户分享整形前后的照片。他认为整形跟治病不同，病有没有治好，多数时候很难从外表判断，整形有没有整好，通过外表一览无余。

对于女性是否愿意在社区公开自己整形的照片，做了十年网络社区的金星有他的理解："女人其实是很愿意分享的，只要提供一个她们认为安全的相对封闭的空间里，他们愿意讨论各种私事，比如闺蜜之间的各种私房话就是无所不谈。"

同时，新氧还在社区上提供了很多整形医生以及整形医院的资源。经过新氧专门团队审核通过后，这些资源会放在平台上，供用户了解、咨询并提供评价。

可以秀自己，还可以跟其他人交流整容心得，并且在需要能够得到医院的专业指导。这对于作为买方的消费者来说简直是一个不可多得的乐园。而对于作为卖方的医院与医生来说，则不失为一个低成本的广告阵地与获客渠道。大家皆大欢喜。

产品开发的思想概括起来是"简单极致"，要实现这四个字并不容易。需要抓准关键痛点，迅速开发出有效解决痛点的产品，这是创业组合拳。千万不要试图一次性解决所有痛点，你解决一两个最重要的就不错了，剩下的可以通过产品迭代进行改进。

周鸿祎一直强调：好的产品要有一个特征，要特别的简单。他要求那些找他融资的创业者先在电话里两三句话讲清楚是一个什么产品,如果说不清楚,他连见都不见,因为"再牛掰的产品,你如果说利用两三句话说不明白,你的用户不会为他买单。" 那么,新氧似乎可以这样表述:一家整容行业的大众点评。

不知道周鸿祎听了是否会投资?事实上,新氧在融资上非常顺利,2013年拿天使,2014年上半年拿A轮,下半年拿B轮(2000万美元)。

这是一张漂亮的答卷。

塑造名牌获得超值利润

在过去较长时间内,价格的差异被认为只是由产品质量的高低所决定的,即所谓的"一分价钱一份货",然而,现在的国内企业家猛然发现还另有文章:

国内市场上,七八十元一件的衬衣已经不错了,但若租用"金利来"的牌子贴上,同样的衬衣一件可近二三百元。国内品牌的一双皮鞋也就能卖一二百元,但若租用意大利"老人头"的牌子,一双卖价可近千元。

杭州的丝绸服装在美国颇有市场,每年大批出口。但用国内自己的商标,每件价格仅20美元,若用美国一家公司的商标,每件则可卖到300美元。

上海生产的优质录音机,卖给日本索尼公司每台仅为人民币37元,索尼公司贴上自己的商标再卖出去,价格升为人民币560元一台。

我国出口的茶叶,外商收购后,只需重新分装,换上他的品牌即可高价售出,大获其利。

广东美的集团的电饭锅和电风扇的产量居亚洲前列,同样是该集团生产出来的产品，新款电饭锅贴上"美的"牌零售约800元/台，而贴上日本的名牌（OEM）则售价为1300元/台。

上述种种情况，说明了一条重要的法则：附加价值是价格和利润的最主要部分，而名牌是创造附加价值最主要的源泉。名牌一旦建立，就可以带来巨大的经济效益。

一个名牌，居然有数百亿美元的价值，这究竟意味着什么呢？这是一个非常值得我们认真探讨一的问题。名牌价值有着诸多方面的内涵，而最基本的有以下几个方面的含义：

（1）名牌价值是科技含量的体现

当今名牌靠科技含量来提高自己的身价，质量和性能直接影响商品品牌。某种品牌的产品质量优、性能可靠，就能赢得客户，赢得市场。市场占有率的提高意味着销售收入的增加和利润的增加，从而使得品牌的价值上升。产品质量、性能的提高、改善，靠的是企业的技术开发。只有不断增加产品的技术含量，才能不断提高产品的市场竞争力，增加品牌的价值含量。

（2）名牌价值是企业无形资产的体现

世界名牌，价高齐天，那是企业实力的表现。名牌为什么会有价值呢？说到底是因为它能为其拥有者带来收益，而且是超额收益。名牌作为企业的一项无形资产并不在其资产负债表上表现出来，但是却直接创造大量的超额利润。因此，它实际上是企业的一项真正的"无形"资产。

（3）名牌价值是企业经营业绩的体现

名牌价值与企业的经营业绩相关，微软公司的经营业绩年年攀升，1994年的销售利润达到新高度，其品牌的价值也不断提高，1995年无形资产达117亿美元，从世纪第7位升到第6位。

（4）名牌价值是品牌竞争力的体现

名牌的价值究竟意味着什么？这一直是一个存在争议的问题。有人认为它是企业无形资产，有人认为它是品牌的影子价值，有人认为它是一个虚构的假象，甚至有人认为它是一个吹起来的泡泡糖。而从品牌评价本身所依据的数据资料看，名牌的价值既不是一个虚构价值想象，也不是一个憋足了气吹起来的泡泡糖，而是企业品牌市场竞争力的综合体现。

名牌战略是一个庞大的系统工程，建立一个名牌战略要坚持一定的创立原则，只有创出一定的战略特色，才能达到有效占领市场、扬威海内外的目的。因此，确立名牌战略，你要从实际出发，把握自身优势以及经济特点，根据品牌的发展状况及市场范围，确定名牌战略的原则与战略重点。

（5）塑造名牌，应从以下几点着手：

①从实际出发，确立名牌战略的总体框架

名牌战略是品牌从不同方面进行发展完善，并提升品牌地位的系统工程，同时也是一个渐进过程。在确定名牌战略的总体思路之前，必须分析本企业的发展实际，判定处于国际、国内以及企业间的地位与水平，使名牌战略的确立能基于稳定的客观环境之上，使战略举措具有一定的针对性，将名牌战略植根实地，而不是空中楼阁。

②把握优势，构建名牌战略特色

每一种战略，不仅要有它的可实施性，更需要有出奇制胜的招数，即战略特色。名牌战略也是如此，它要求确立名牌战略时，充分考虑企业的特点及优势，围绕优势，设计企业名牌战略的内容，以势取胜。

③找准品牌差距，设计战略发展重点

确定本企业的名牌战略，不仅要分析本企业优势所在，还要清楚地看到品牌差距所在，以准确地设计出自己的战略重点与战略目标，这也是确立科学、合理的名牌战略的重要原则。

④寻找市场空白点，确立名牌战略的主攻方向

在竞争日益激烈的市场中，要挤进纷乱的战团，即使占尽"天时、地利、人和"，也未必能高奏凯歌。独辟蹊径，寻找自己品牌的消费群，确立自己的目标市场，全力出击，才是有效的战略方针。

第七章

前方总有麻烦，要积极应对

生命并不是那么轮廓分明的，你无法食指一指，就找出谁是罪魁祸首。生意场上也是一样。创业者可以将每一样事情都做得很对，但仍然发现，事业就是没有起色，最后仍不免失败的命运。导致这种灾难的因素很多，其中包括有意外的损失、不良的经济环境、竞争的压力等。

摸清财务危机发生的原因

很多企业表面上看起来很赚钱，为什么会突然发生财务危机呢？这可由财务比率看出来，如果对连续几年的财务比率（流动比率、负债比率、存货周转率、固定资产周转率等）进行分析，虽然在表现上营业毛利率、纯利率非常好，但是在发生财务危机的前一两年，其负债比率会明显地提升，或存货周转率明显地下降，由此就可看出内部的问题了。

冰冻三尺，非一日之寒，公司倒闭往往都是由于长期累积下来的不当措施，或错误的决策，管理者未及时纠正，或者某些企业家在社会上有很好的地位，当公司出现小危机时，他碍于颜面，一再地遮掩，而酿成大错，这都是企业发生危机的基本原因。

企业发生财务危机的原因可归纳为以下两种：

（1）由业务风险所引发

营业方面发生的风险有下列几种情形：

①投资额过大，投资时机不对，资本支出的计划不切实际

某些公司发生财务危机的原因，就是因为投资的时机不对，而且投资金额过大。这些公司在本行业赚钱，就想继续扩充；而在扩充计划上，对市场的预测又过于乐观，把过去的成长率当成未来的市场成长率，可能忽略了扩充市场的产品已到生命周期的饱和期。

有些公司盲目地扩充了设备，怎么办呢？只好孤注一掷，在同行业内大

打价格战，结果自己就先倒了。

②不务"正业"

有些公司本身行业做得很好，赚了钱以后想用于投资。于是冒着很大的风险，盲目地投资别的行业。隔行如隔山，当新投资失败之后，很容易使在原行业的利润赔光。

③内部管理不善

某些企业发展到某一个程度时，组织非常庞大，开始人浮于事，目标不明，缺乏一套具体的管理体系；账目不清，财务部门无法提供财务报表，使管理者在摸索之中经营企业，这是相当危险的。

（2）由财务风险所引发

由财务风险所引发的财务危机，有下列几个原因：

①长短期资金分配不当

也就是以短期资金挪作长期用途，原因主要有两种情形：

有些企业的财务管理人员不了解企业理财的技巧。

企业无法取得长期资金，只好挪用短期资金。一般而言，长期资金的取得较为困难，尤其是向银行申请中长期贷款，银行都会要求企业提出详尽的计划，包括现金流量表、还款计划书等，有些公司的财务人员缺乏这种能力，所以只好把设备抵押，获得短期资金，挪作长期资金使用。

②资产没有保持适当的流动性

主要是固定资产投资太大，流动资产偏低，负债比率偏高。美国很多企业的负债比率是100%，即净值要达到50%，而国内很多中小企业净值占资产的比例偏低，甚至只有20%至25%，这类企业当盈利状况良好时安然无事，一旦经济不景气，就经不起银行催回借款的打击。

③理财观念错误

某些企业的老板没有资金成本的概念，例如有些上市公司的老板以为现金增资不必花成本，事实上，从财务观点来看，股东增资的资金成本比银行借款所得的资金成本还高。为了争取股东增资，虽然公司已经不行了，仍然粉饰账面盈余，一方面多缴所得税，一方面分配股息，由此造成公司"失血"严重。

遵循企业理财法则

企业理财法则是指企业进行财务管理活动所采用的技术和手段。在市场经济下财务预测、财务决策、财务计划、财务控制和财务分析已成为企业进行财务管理的主要环节。财务管理的方法，一般以财务管理的各环节为基础进行研究。

企业理财应遵循的法则主要有：

（1）财务预测法则

财务预测是根据企业财务活动的历史资料，结合企业的现实情况，对企业未来的财务状况作出的预计和测算，财务预测是财务决策的依据，是编制财务计划的前提，也是提高企业经济效益的手段。

财务预测主要有定性预测和定量预测两种方法。

（2）财务决策法则

这是为实现企业财务目标，根据财务预测，从几个决策方案中选择最优方案的过程，它是财务管理的核心。

决策是在企业经营活动之前所作的规划。决策的正确与否，同企业的兴衰关系极大。决策正确，可以保证企业的经营活动建立在高效率和较佳效益的基础上，使企业在激烈的竞争中立于不败之地；否则，企业的生存发展将面临危机。

（3）财务计划法则

财务计划是在一定时期内以货币形式综合反映企业资金运转和财务成果的形成和分配的计划。它包括：①平稳法，即利用有关指标客观存在的内在平衡关系，计算确定计划指标的方法；②因素法；③比例法④定律法；⑤定额法；⑥趋势计算法。

（4）财务控制法则

财务控制是指在经营过程中，以计划的各项定额为依据，利用有关信息和措施，对财务活动进行计算和审核，以实现财务目标。主要有以下几种方法：①事前控制；②事中控制；③事后控制。

用花钱的办法省钱

用花钱的办法省钱，这听起来可笑，不是吗？但这却是千真万确的。以道路不好和交通堵塞为例，不知道有没有人曾经计算过，由于道路不好和交通堵塞，多消耗的油料费用、多付的车辆维修费用、浪费时间的价值、神经紧张的代价，把这些加在一起共值多少钱？这都是非常真实的开销，加在一起一定是个很大的数目。而现在用于改善道路和建设立交桥等设施所花的钱，甚至不出一两年就能回收起来。

很明显的一个例子：购置昂贵的锻造压力机，比起购置锻锤来，初始费用可能高得多，但如果考虑到它能大大提高生产能力，提高最终产品的质量，你会发现，从长远看，最初的巨大花费反而使最终产品更便宜了。

为什么自动设备的制造业成了世界上最大的工业之一？并不是因为人们的特别喜爱，而是因为自动设备意味着更大的生产能力、更低的成本和更好的质量。

降低成本并不是指不管三七二十一地削减开销。以计算机为例，它的价格很高，在使用的最初几年是很难回收成本的，但通过它所带来的良好的服务、更好地协调和效率的提高等实际价值，不费力地就能收回成本。

人们发现好的条件（如清洁、整齐、安排得当的车间和办公室）能提高工作效率。创造这些条件的开销会带来许多倍于原来的收益。

人们往往受到买便宜东西的强烈诱惑，但对所购买的东西是否作过全面考虑呢？是否会发生因机器损坏而引起的严重生产损失？所买设备是否合乎标准化的要求？是否会因缺少必需的备件而导致费时费钱的拖延？总之最经济的并不总是最便宜的，应该考虑到情况的方方面面。

明智的企业经营者们力图找出用花钱来省钱的方法，具体说就是增加一些额外的开销来取得未来更大的收益。增加的开销可能引起产品质量的提高，这意味着销售额提高。增加的开销可能有助于减少机器的损坏，这样可以节省维护费用，还可提高产量。增加的开销还可能提高员工的工作速度，减少失误和神经的紧张程度。后两者是不能用金钱衡量的重要因素。

心存忧患，企业重视资本运营

良好的资本运营对任何企业都很重要。加强对现金流动、盈亏账目，以及资产平衡的正确运营，对于一个企业的生存和发展极为重要。

许多经营者认为，他们拥有的现金便是他们获得的利润。实际上现金和利润完全不同。利润的实现是指卖出产品收到的利润，而不是预付款也不是赊销后账面上的利润数字。另外，产品售出后，有可能被退货，已获得的利润还有可能丧失。其次，许多中小企业往往在控制成本和费用支出上方法不得当，常常是捡了芝麻丢了西瓜，也会影响利润。

（1）忽视资本运营的病症主要表现有：

①现金管理混乱；

②不重视资金的时间价值；

③资金不能有效利用；

④库存和应收账款太多。

企业一旦出现这些病症，表明该企业资金的管理水平是相当低的。

企业的现金就如同人体中的血液一般。对于企业这个机体的正常运转具有重要意义。而一个规模不大，实力有限的企业要想生存下去，就更应该保护好自己宝贵的血液，重视资金的调节和运用。而企业的资金周转就如同企业的命脉，是企业的问题焦点。然而令人遗憾的是，至今仍有不少经营者视资金周转问题为细枝末节的问题。

（2）对资金周转的误解

①有大量的现金便以为企业运转得很好。事实是企业可能有大量的现金周转，但并不表明有足够的资金可以支付各种费用，或者可能是因为企业还没有支付账款，才显得现金周转非常活跃。

②没有足够的现金便意味着企业处于麻烦之中。事实是，如果企业将支出控制到最低限度，并从企业的投资中得到最大限度的收益，加之你精心管理你的企业现金周转，企业健康的可能性便会增加。

③如果销售额在增长，便表明企业财政状况良好。事实是，如果销售额正在增长，而产品或服务价格却在降低，那么你实际上可能正在亏损，因为销售收入无法弥补成本和费用。

（3）现金管理的常见问题

①个人现金支出与公司现金混杂。由于中小企业经营者往往又是所有者，视企业为自己的家，自己的钱柜。特别是有些家族企业，有的家族成员缺钱花时，就十分自然地到收银台或出纳那里拿钱，而这可能只是需要购置一件私人物品。

②用企业收到的现金来支付费用。中小企业往往有一种常见现象，每日上门催款催债的络绎不绝。在处理这种事务时，老板们常常会被逼行事，从当日收入中拿出一笔钱直接打发了催款人。正确做法是应该用公司支票支付所有的公司费用。

③赊销造成资金周转不畅。中小企业面临剧烈的竞争，往往担心自己产品的销路，有时为了照顾老客户，明知赊销商品会导致货款拖欠，还是接受了这笔交易。应收账款收不回来，使原本就本小利薄的企业如雪上加霜，难以支撑。

④重储存轻投入，小富则安。有的企业把收入的资金又存入银行，稳稳当当地吃利息，而不愿投入到再生产中，冒市场风险；有的则追求排场，花钱如流水，未能将原本就有限的资金用到经营中，浪费资金，又导致裹足不前。

⑤陷入存货陷阱。销售量及存货周转时间比毛利百分比还要重要。

适应起伏的常态

孟子说：生于忧患，安于安乐。

英特尔公司总裁葛洛夫有句至理名言："唯有忧患意识，才能永远长存。"据调查，世界百家成功企业的经营管理者，对于企业危机，没有一个自我感觉良好的。

对我国企业的经营者来说，尤其要清醒地认识到当前所面临的严峻形势，正视企业面临的四大危机：

（1）我国加入WTO所带来的挑战

"入世"就意味着我国关税税率和产品价格的降低，这对部分质量差、价格高的国货将产生强烈冲击。国内企业只有降低成本，提高质量，完善售后服务，才能保存一席之地，因为任何一个企业不会永远靠保护长大。

（2）经济全球化与跨国公司的长驱直入

西方著名企业纷纷进攻中国市场，截至2001年底，中国的外资企业共40多万家，注册资金达2000多亿美元，其中排在前20名的全球跨国公司几乎都在中国占有一席之地。医药、彩电、冰箱、洗涤、化妆品行业里，我国稍大一点的厂家几乎全部成了中外合资企业。这必定会给我国企业带来巨大冲击，没有危机意识，就不会有好的对策。

（3）人才的影响

据科学预测，今后每10年将发生一次全面的职业大革命，其中重大变化每两年就有一次。

21世纪职业的变革对个人素质的挑战，决定了企业更欢迎受过更高程度的教育、获得各种技能、涉猎各种领域、具备跨国语言沟通能力，适应新技术发展的员工。迎接这一挑战的唯一措施就是加大人力资源开发的投入，超前培养人才，把21世纪的人才作为企业第一要素来抓，这恰恰是国内企业所忽视的。不但如此，国内企业仅有的人才还在源源不断地被外资企业吸引过去。

（4）企业管理机制

一个企业的兴衰依赖于企业经营者的素质，但我们忽视了从观念上、制度上调动企业经营者和员工的积极性，使企业内部权力失去监控，民主管理制度不健全，缺少科学的管理、创新的观念，即使企业有了辉煌，常常也是暂时的。

国内企业这种与市场经济不相适应的落后管理体制，在外资企业先进的管理思想和科学的管理机制面前显得多么不堪一击。

中国企业应该摆正自己的位置，树立危机意识，勇敢地迎接国际企业的挑战。一个民族只有看到自己的弱点和不足，不断自我革新，不断否定自己，不断超越自我，才能永远走在历史的最前沿。

企业和球队、军队一样，其衰败的原因之一，首先就是管理指挥上出问题企业家只有不断否定自我，不断总结教训，才能不断上升，才能站在时代的最高峰，使企业长盛不衰，永葆活力。

人们常说"逆水行舟，不进则退"，生意场上也是这样。特别是小公司，由于竞争力弱，受市场和外部冲击的影响巨大。稍一不慎，就有可能破产倒闭。

这就需要小公司能居安思危，千万不可沉醉于自己的"十几个人七八条枪"的局面，要警告自己，作为市场竞争中的弱者，随时都有可能被别人蚕食鲸吞。

要做到居安思危，你就必须不断地找出自己公司的缺点，不断改进自己的产品。有一个企业主说："我的公司总是不断地淘汰自己的产品，因为我知道，如果我们自己不淘汰，别人会帮我们淘汰的，那时候我们就完了。"作为小公司，由于生产的产品种类比较单一，如果这种产品在市场上被淘汰，那么立刻就会面临灭顶之灾。对于这种局面，每一个小公司经营者必须有清醒的认识。

有"百货大王"之称的上海永安百货公司创始人郭东，16岁时为谋生到澳洲去打工。在23岁那年，他和几个同乡在悉尼开了一家小型水果店，店名叫"永安果栏"，主要经营水果和中国的特产，郭东担任经理。郭东很快就发现，当地水果市场竞争非常激烈，如何使本小利薄的小店生存和发展，郭东挖空了心思。

后来，他说服了当地另外两家华人果栏和"永安"联合起来，一致对外。联盟后的水果店，资金雄厚了，在郭东的成功经营下，在相当程度上控制了市场。

"永安"占领了悉尼水果市场后，郭东并没有感到满足。他清醒地看到水果的销售市场毕竟十分有限，前景并不看好。在经过详细调查和缜密思考后，郭东向同事们分析了形势，告诉他们公司如果不向别的方向发展，可能会保不住目前的情况。在经过股东们同意后，"永安"开始向利大货畅的百货业投资。

郭东首先在香港创办了永安公司，经营各种商品。由于他的公司服务热情，还专门设立了代华人办理护照、供给食宿的"金山庄"，所以深得华人的信赖。当地华人不但偏爱"永安"的商品，还愿意把钱存在永安公司的储蓄部。这样，永安公司就迅速兴旺发达起来了。

密切关注隐藏成本

最大的隐藏成本是拖延造成的成本。

例如，某工厂的一台机器拖延了两个月才安装。这种拖延，意味着在原来企业的成本开销上，要再加上机器价钱的两个月的利息及损失了两个月的生产收入。

因此，当你为取得降价而拖延订购机器的时候，切记要考虑所有的后果，你必须完全肯定，你推迟做决定的时间不会使隐藏成本的增加高于你所压下的机器价钱。

年产100万吨的钢厂推迟一年开工意味着损失价值2亿元的销售收入。为什么要拖延？或许投资者可能在某个供应商身上省下近20万元；或许不同部门对签订合同的看法上有分歧；或许有人故意推迟；或许只是某个人下不了决心；或许文件出了差错。不管怎样，拖延造成的损失是价值2亿元！而这还不是全部损失，还要加：

——贷款利息的开销，它不管工厂是否开工总是存在的。

——进口钢材给国家带来的外汇支出。

——就业以及其他等等。

因此可以看出，拖延的代价是很大的，特别是当产品价格一直在急剧上升时。

拖延对于形成正确的决策并没有什么特别的好处。通常它的产生只是由于人们不肯深入到问题中去，但当他们最终认真思考时，例如在两个月之后，他们也只花几分钟就作出了决策。可见开始有拖延是完全可以避免的。

另一项隐藏的成本在于没有充分利用可以利用的生产设备。对于一个虽然无利可图但可维护工厂开工的订单，有时把它接受下来在决策上是明智的。因为这样做至少可以使人们收回相当大部分的固定开销。这种固定开销是不管生产量有无都要花费掉的，诸如折旧费、工资、利息、租金等。如果工厂以低开工率工作，固定开销对成本是个很大的负担。

生产更多东西对于降低成本常常远比其他削减开销的办法更为有效。

每增加一个生产项目就意味着昂贵的固定开销可以相应地扩大分摊面。因此，生产的东西越多，固定开销分摊在单个产品上的越少，单件成本越低。

金钱成本如利息和红利的支付，是固定开销的大项目之一。同样，你生产的东西越多，你的利息和红利负担也越分散，从而降低了单件成本。

在中等规模的工厂，这种增加生产的办法有一定的限度。当因固定开销分摊面扩大而造成的单件成本降低，大于为增加生产而增加的额外开销时，增产是有益的。超出这个范围，则达不到这种效果。

企业的许多重要开销常常在各种不同的账目中变成了隐藏成本。由于它们加在一起不表现为一项任务，所以普通的会计系统很难看出这些开销。例如，包装、储存、运输、搬运、分发等等的开销加在一起可能非常大，但在公布的账目中，却通常被列为"其他"或者并入到许多别的账目中去了。

其实这些开销比生产开销更有降低成本的余地。但在这方面人们花的精力较少，原因就是它们分散在各个账目中且具有隐藏成本的特点。而生产开销常常有许多训练有素的工程师在集中关注着，因此进一步降低成本的余地不大。

在单位产品的价格中，生产开销（不包括材料开销）很少超过1/3。虽然如此，许多管理人员还是把主要精力放在生产开销所占比例的波动上，有时是成天地考察这个问题。他们没有对别的开销予以同样的关心，而这些其他开销不但是很大的，而且远比生产开销更容易加以控制。

当存在很多零售商时，发货的开销会达到很高的程度。有时撤掉大量的小零售商而把精力集中在几个大零售商身上，才会取得财务上的优势。

对某家公司分析的结果是：它有5000个零售商，其中1000个大约承担了公司销售额的80%，而其余的4000个却花了实际发货开销的80%。在承担公司销售额的20%的4000个零售商中，竟有3000个每年平均只销售公司产品9000元，即总共不超过公司总销售额的5%～6%。但这3000个零售商却为运输、管理、接货、库存而大约花费了发货总开销的35%。对这3000个零售商，公司要投进许多的钱，而由于他们只订很少的货，也造成了发货开销上的不成比例。

据此，公司对所有的小零售店都改为按付现款订货，公司的销售人员也不再上门推销，小数量只接受邮购，而且从货场出来的运费由零售商支付。这样，在3年的时间里，发货开销差不多降低了30%。小零售商的购买额只从他们原来的购买额下降了3%，但公司的总销售额实际上却上升了，因为销售人员不再花很多时间照应这些小零售商，他们就能够将精力集中在大零售商身上，那里的销售机会好很多。

把昂贵的包装材料费列入杂项开销范畴颇使许多管理人员感到惊奇。其原因是这笔相当大的费用很少集中在一起表现出来。包装材料不是通过采购部门通常的购买渠道购进的，而是由销售部门买进的。包装设计的任务是搞出某些真正吸引人的东西，他们很少考虑开销的大小。

搬运的开销经常分散在许多账目中成为隐藏资本。很少聚在一起作为重要的经济活动而表现出来。另外，搬运通常发生在多个部门之间或贯穿在整个过程中，因此这些开销往往不大引人注目。

要控制搬运费，即托盘、包装、运输、标签、货场、储存等等费用，就要把物品的流程看成一个整体的系统，力求用最小的开销取得最好的结果。鉴于搬运费在成本中占有很大的比重，所以从一开始就要考虑尽量减少搬运次数，并以此为目的来调整组织工作。

第八章

把创业团队放在第一

未来的企业与行政组织由于层级简化的趋势，使得以团队的形式来完成工作的机会大大地增加，这是许多组织所必须面临的变革。团队最强调的就是领导，领导是去影响别人，而不是命令或管理别人；领导者是能获得别人衷心的合作来达成目标的人。那么，如何才能成为一位优秀的领导者呢？

团队的种类

团队的成立主要是为了解决所遭遇的问题或增进工作效率。团队的种类五花八门,依据组织形态的不同而互不相同,但较常见的团队有部门改进小组、特殊任务小组、品管圈、自我督导小组、决策小组等类型。分述如下:

1. 部门改进小组

这是最常见的团队形态,主要目的是增进部门的工作效率。

2. 特殊任务小组

特殊任务小组又称跨部门小组,它与俗称的委员会功能相近,多半是处理跨部门、特殊任务(目的)的临时编组。

3. 品管圈

品管圈一般是用于生产机构为提高质量,减少不良率所成立的团队。

4. 自我督导小组

自我督导小组是一种理想的工作改进团队,它可以独立来处理生产或服务的运作、决策、计划、控制的相关问题。自我督导小组需要相当的时间才能建立。一般企业组织是先从品管圈开始着手,再朝自我督导小组的角色转变,即从听命令转变为自我督导,这种转变的过程需要长时间的努力。

5. 决策小组

决策小组一般属于层级较高,针对政策、方向等重大议题所组成的小组。

另外，团队根据其组织结构的严密与否、团队运作的气氛以及团队合作的方式等，又可以分为有组织的团队与松散的团队、民主型团队与专制型团队、合作团队与竞争团队以及协作型团队与对抗型团队。

1. 有组织的团队与松散的团队

按照组织结构的严密与否，团队可以区分为有组织的团队和松散的团队。当然，企业中的团队一般应视为有组织的团队，哪怕是临时为某项任务组建起来的，也需要确认团队的存在。

有组织的团队负有全体成员协力合作的团队营运、完成任务的职责。成员间的交互关系成为团队追求成功的基础。成员具有一种较为强烈的共同完成某项任务的集体意识和精神力量，这种团队精神是团队追求成功的内在动力。

也应该看到，在完成任务的过程中，有组织的团队一旦遇到困难，整个团队的行为可能受到组织性的干预而中止，成员之间埋怨较多，各成员感受的挫折感较强烈。较为松散的集体则在困难面前难以为继。因此，团队的组织化程度和运作机制是需要细致设计的。理想的团队组织应趋于确保民主参与决策、高效率营运以及成员关系密切、意见沟通灵活等特点。

2. 民主型团队与专制型团队

按照团队运作的气氛来看，可以区分为民主型团队和专制型团队。团队运作主要源于团队领导权力的行使、作用的发挥，并对成员行为和整个团队绩效产生影响。正是由于领导方式的民主或专制，才使团队带有民主或专制的烙印。

所谓民主型团队，主要特征是一切大政方针都由成员协商决定，领导者鼓励和支持团队成员参与决策；团队成员在协商和讨论中理解和认可工作的程序和目标；工作中成员可以自由选择合作伙伴；工作量的分配及工作安排可由团队和成员协商决定；团队领导根据成员的行为表现和工作绩效等客观性事实激励团队成员；领导努力使成员依靠协作力量和自身能力开展工作，而在与成员关系上，努力成为团队成员心理上的真实一员。

与民主型团队相对的专制型团队，其主要特征是团队领导操纵一切。团队一切方针由领导决定；团队工作的程序和步骤由领导下指示，成员不能获知团队的整体目标；工作组合和工作量分配由领导指定；领导者主要依据自己的主观意志而不是主要依据成员表现与绩效等客观事实奖惩成员。

显然，在民主型团队中，成员关系融洽，以集体意识和集体的成就为荣，能团结一致地解决困难。在监督者缺位时，民主型团队成员能进行自我管理，继续有效地开展工作。而在专制型团队中，成员以服从为天职，工作中以自我为、中心，容易推卸责任和消极应付工作，因而也易遭受更多的指责或处罚。

3. 合作团队与竞争团队

按照团队的合作方式，可以区分为合作团队和竞争团队。这里的合作与竞争，主要是在完成团队的任务时因强调团队的成就或强调贡献的差异，在成员之间形成的不同关系以及在团队中形成的不同运作机制。

一般认为，在合作团队中，成员与团队的目标趋于一致，成员将关心的焦点转向协作关系及全体成员的相互作用上。由于致力于团队合作，因而成员之间沟通情况良好，彼此关系融洽，能对工作提出较多富有价值的建设性意见，能积极扮演好各自的角色，并对自己和团队的成功有满足感。

而在竞争性团队中，经常会发生打击、压制他人和独占、独享工作成果的现象。过分强调竞争机制和个人责任，不利于团队意识的培养。当然，合作团队在培育合作精神的同时也要有危机感和忧患意识，从而加强团队的团结和提高团队的运作效率。

4. 协作型团队和对抗型团队

上述按照团队合作方式的分类，还可以成员在完成任务时的相互依赖性来区分为协作型团队和对抗型团队。所谓协作型团队，是指各个成员在短期内相对独立地分别履行其职责、完成其任务的团队。

这里之所以指出"在短期内相对独立地分别履行"这一特别之处，是因为这毕竟仍然是一个团队，必然在工作上存在着关联性，如果成员之间长期互不发生联系，那就不成其为团队了。所谓对抗型团队，是指成员间通过协商、妥协的方式解决企业内存在的某些问题的团队，例如企业中劳资纠纷谈判小组，就属于这种团队。

团队成员的基本角色

一个成功的团队需要成员彼此互相合作、支援，扮演不同角色以完成任务。团队成立之初就应开始理清或指派不同的角色。一个健全的团队应经常轮换职务与责任，使成员的角色有弹性。团队成员角色一般有领导人、顾问、会议主持人、观察员、会议记录者等，分别说明如下：

1. 领导人

团队领导者的工作是以沟通、协调、激励、传递信息为主。

2. 顾问

团队顾问的主要工作是提供协助、理清与评估目标、加强团队合作、制定工作绩效的标准与内涵。

3. 会议主持人

会议主持人的工作是促进会议有效率地进行，工作内容包含会前准备、会议进行的掌握与会议结论、共识的达成。

4. 流程观察员

一般团队至少应有2位成员担任流程观察员，尤其是在会议进行时。流程观察员的主要工作是与报告团员是否遵守共同的协议、鼓励参与、确认妨碍团队行为或潜在的问题。

团队会议如何开始？

团队如何设定会议的时间及目标？

团队成员如何订出会议程序？

团队如何获得所有的信息、如何听取不同的观点？

哪些意见被接受？哪些意见遭反对？

团队如何掌握会议进行的方向？

会议中如何达成决议？

团队如何达成共识？如何检验共识？

团队如何讨论？怎样运作？

成员是否积极参与？机会是否均等？

会议气氛如何？

5. 会议记录员

会议记录的工作是将会议内容有系统的记录，并将记录分送各个成员。

6. 团队成员

作为团队的一分子，表6-4所列的观点与行动是每位成员都应努力达成的目标。

决定团队成功的要素

上文曾提到，要建立团队一般经过形成、风暴、整合、执行及解散5个阶段。而要达到正常运作并非一蹴可及。以下所列的要素将有助于建立成功的团队：

（1）成员能了解目标且愿意全力以赴。

（2）个人目标与团队目标能适当切合。

（3）成员能开诚布公地沟通。

（4）成员彼此尊重、开放心胸、协力合作。

（5）冲突与意见分歧都能被视为探索共识的机会。

（6）成员间的气氛很自在，觉得有自主权。

（7）不断地改进与尝试。

（8）经由共识达成决议且团队的决定能被支持与接受。

再者，一般团队常见的下列现象应尽量避免或化解：

（1）未得到高阶主管的持久支持。

（2）强调工作而忽略成员间的关系。

（3）成员缺乏自我约束力或不愿为自己的行为负责。

（4）成员不了解团队的流程及发展的阶段。

（5）成员的训练不够。

另外，团队专家吴特曼（Naterman）认为团队成功的要件还包括下列几个：高层主管的支持，人力、财力、时间的支援，把目标集中在少数几个问题上，坚定所选择的目标。

（1）高层主管的支持。时代公司副董事长威廉斯（PeterWilliams）对团队小组有深入的体会，他认为：一个专门的团队或工作组如果得不到主管的支持与协助是办不成事情的。团队要成功，则必须要有高层主管明显、公开的支持。如果某个工作项目特别重要，更必须有总裁或总经理的支持。

美国总统里根在加州州长任内就设立了工作特别小组来掌握社会福利与教育事务，其中社会福利绩效非常卓越，主要原因是团队负责人虽位阶不高，但却可随时向里根报告所需要的支援。对团队成员而言，特别项目的工作是有困难和压力的，它完全没有固定的模式，也常会有意想不到的曲折。

此外，一般组织的报酬或薪资系统对于系统外的项目，尽管需要额外投入大量时间和工作，却不列入报酬的。因此，如果缺乏高层主管的重视，一般人是不会付出额外的努力在团队的工作项目上。

（2）人力、物力、时间的投入。团队要完成任务则必须有适当的人力、财力、物力投入，尤其在初期阶段。某些重要的问题往往需要资金支持及时间的投入，因此，企业组织需要将必需的人力、财力、物力投入于设定的目标与项目上，这样才能奏效。

美国苹果电脑的管理部门于1988年成立了一个团队，目的是展望21世纪的业务环境。该团体的2个主要人物，新事业部经理与策略开发部主任就全身心投入工作中，并且征召12位其他部门人员兼任相关的工作。但几个月后就由12位正式专业人员与行政人员来取代，因为工作的负荷越来越大，必须由专职人员全心投入才行。

惠普公司执行副总多意尔（John Dower）认为："经理们总是想把团队任务或新变革交付在已经忙得不可开交的人身上，又不愿意在财力上投资，以作为解决问题的后盾。"这些都是需要修正的观念。

把目标集中在少数的问题上，坚定所选择的项目。一般行政组织或企业在团队成立之初，往往面临许多待解决的问题，结果造成做了许多事，但却看不到成效的窘境。惠普公司为了解决这个问题，就将团队目标集中在少数几个问题上，然后贯彻执行。惠普公司成立TQC团队时，就是以改善产品质量为目的的，由于目标明确，其团队组建的初衷得到了良好的满足。

团队的行为塑造与改变

1. 团队建立的基本模式

成立团队，首要的任务是界定团队的目标，确定待解决的问题、执行步骤以及完成日期。在建立团队之初，有几项工作必须确定。

叙述团队的主要工作，包括目标、策略与分析；

团队预期的成果；

团队可运用的资源，包括人力、财力、物力等；

说明沟通的方式、步骤及工作报告的方式；

团队应遵守的规则；

完成工作须具备的技能；

团队的权限；

召集人的角色与责任。

传统的学校与社会都是强调个人成就，因而许多人都缺乏团队运作的概念。团队要正常运作，一般而言需要具备成熟的人际技巧，坦诚、直接的沟通方式和提出问题、解决冲突的能力，以及能够了解自己和他人的感觉。在团队成立初期，成员应界定哪些是可以接受的行为，哪些是不能接受的行为；成员如果忽略彼此互动的关系，往往是造成日后产生摩擦与冲突的主因。

团队行为的根本原则是开诚布公，成员能明白地表达自己的想法。一个成功的团队应努力建立良好的行为规范，摒除有害的不当行为。

2. 基层（部门）主管训练

要使团队良好运作，如何使基层主管改变观念与想法是一个重大课题。在推行团队活动之前，必须先对主管进行训练，以帮助他（她）们了解在成立团队之初可能发生的骄傲、自尊、授权的问题。

基本而言，团队的建立需要信任、努力与适应。尤其在角色的改变方面。因此，不论是在人际技巧、观念开放、坦诚与人相处方面，还是在直接沟通、解决冲突、体会别人的感觉等方面，都是值得努力与探索的目标。团队的建立以合作为基础，而非以个人的成就为基础，这是每位成员与组织人都应明白的重要概念。

团队的冲突管理

组织中的团队由于结合不同部门、专长、经验的成员于一体，因此，在本质上就具有冲突的特质。从正面来看，不同的意见可以激荡团队的创意与造诣，使决定更周全。

没有冲突的团队，虽有沟通愉快的感觉，但是对议题的各层面缺乏批判或思考，对决策质量反而有害。相反，冲突或意见的对立往往擦枪走火，演变成人身攻击，破坏了团队的气势与合作的精神，甚至造成团队的瓦解，因此必须小心处理。

一般而言，避免冲突负面影响的关键，在于不要将议题的争论转换成人身攻击。以下8点策略将有助于降低人际的冲突：

1. 收集信息并根据事实来探讨

一般认为信息越多，团队讨论的范围就越大，发生争执的概率也就越高。然而这是错误的观念。

团队的讨论越依赖事实，人际冲突概率就越低。有关销售数据、市场占有率、研发费用、竞争者动作等公正、有效的信息越多，越能让团队将焦点集中在议题上。反之，成员在缺乏事实、信息时，就会想象事实、猜测个人动机，而将讨论的焦点转向人，很容易导致人际冲突。

2. 创造多重选择丰富讨论的层次

团队讨论的选择增加，选择就不再是非黑即白那样简单，成员选择的变化空间也就增加，会稀释冲突的机会。如果团队一直只针对一两个选择来回辩论，成员就容易变成立场分明的两三个阵营，很难避免人际冲突。

3. 建立共同的目标

团队如果没有一致的目标，常易陷入难以挣脱的冲突泥沼。

一致的目标不是要求一致的想法，而是强调团队成员共同的利益，成员就不会觉得自己是单一的赢家，而能更正确地解读别人的意见。

4. 把幽默加进决策的过程中

幽默对情绪有很大的助益。研究显示，人在心情愉快时，不仅较乐观、不斤斤计较，还较有创造力。

团队在讨论中加入幽默，不仅能缓解成员的压力，使其在心理上与工作保持距离，也能松懈其防卫心理，减少把别人的意见做负面扭曲解释的可能。

5. 维持平衡的权力结构

团队领导人过于强势或是过于软弱，都会使得人际冲突不断。

独裁、集权的领导人，从开始主导到工作结束，做成的决定就像是上帝的旨意那样不可挑战，其他成员则会因为无法发挥决策力量而感到沮丧。

过于软弱的领导人则让成员暗地较劲，有争权夺利的机会。

6. 不强求一致同意

不要以为只要不顾一切达成一致协议，就能减少冲突。这就错了：逼出来的一致协议反而会造成严重的人际冲突。

其实很多情况是不可能有一致同意的结果的。一味坚持一致同意，反而会无止境地拖长讨论、争执，弄得大家筋疲力尽而后随便做成决议。

较妥当的方式是由团队领导人报告议题，在不能达成一致决议时，不要强求，将议题交给与议题最相关的成员，让他们听完其他成员的意见后做成决议。如此，觉得自己的意见被认真考虑，即使最终没有被采纳，也不会发生冲突。

7. 及时说出自己的不同意见

在讨论过程中要尽早提出自己的不同看法，如果等到接近最后时限才表达异议，会让别人措手不及，增加压力，或是怀疑你的动机。

8. 以询问探究的态度回复别人提出的不同意见

当别人对你的意见提出异议时，不要立刻竖起防卫的盾牌准备应战，而要引导别人说出不同意的原因，创造正面的讨论气氛。

冲突不应是团队合作的绊脚石，反而更能激发出创意，更能锻炼出严谨的决策。只要团队成员能掌握原则，冲突就能变为团队深入讨论并提高决策质量的好帮手。

建立"全脑式"团队

无论是渐进发展或一开始就设定好的结果，公司或组织文化都可能由某种特定的认知模式所主导。IBM在被称为"蓝色巨人"的年代，展现给外界的是一个统一的面貌；迪吉多电脑公司（Digital Equipment）以工程导向的企业文化而深感自豪。这种一致性可以让公司的运作有效率，但面对困难和机会时，采用的对付方法不多。

企业文化很强的公司可以很有创意，但局限在某些意料得到的范围里。当市场要求这类公司用不同的方法创新时，他们就必须学习新的因应之道。这必须采用许多不同的方法来解决问题——不只用右脑或左脑，而是两者并用的"全脑"。

约翰在新产品开发团队里担任经理一职时，公司完全放手让他规划预计在3至6年内推出的全新产品和服务。"让我大吃一惊吧！"公司的执行总裁对他说。

公司让约翰全权决定用人，于是他录用了3个聪明绝顶的企管硕士，立刻着手进行产业分析，研究现行各种产品的市场潜力，并应用他们最近学会的财务分析技巧。为了找齐人手，约翰翻阅桌上由人力资源部门提供的一大叠履历表。

所有应征者都有很强的量化分析技巧，其中有几个人是工程师。约翰很高兴，这样一群聪明、训练有素、严谨、善于思考的人，一定可以为公司想出一些彻底创新的点子。有人建议他雇用一些右脑式思考的人，以激荡出不同的想法，他并未接受，还是继续找来许多左脑式思考的高手。

一年半之后，这个团队根据论点精辟、旁征博引的财务和技术风险分析，否决了过程中所有新的产品提案。但是，这个团队的成员并没有想出任何的新点子。于是这个团队成立还不满两年就解散了。

相反，最近再度创业的成功企业家鲍伯，他从过去的创业经验中了解到，自己高度分析性的风格会造成他与公司里最有创意的员工不和。虽然他已经察觉了这个情况，但还是差一点就开除了一个能干、经验丰富的人力资源经理威利。根据鲍伯的说法，威利进入董事会几个月之后，就显得"意兴阑珊"。

为什么呢？因为开预算会议时，他不太专心，却只重视鲍伯觉得微不足道的小事，比方，日间托儿服务、弹性工时、员工福利等。不过，鲍伯决定在采取行动之前，先从思考模式的角度来检视整体管理阶层。

他很快就发现，威利正是可以协助公司成长的那种人。如果没有威利，整个管理团队就欠缺对人性需求的敏锐感觉这项关键能力，而这种能力可以协助公司预见、并预防人事方面的问题。所以鲍伯学着对威利让步。

鲍伯说："你们一定会以我为荣。我开会时先谈5分钟汽车、小孩等鸡毛蒜皮的小事。"虽然威利对公司员工的关心无法完全消除工会的问题，但的确将员工对管理阶层的敌意降到了最低，争执也变得较容易解决了。

全脑式团队不断创新的例子很多。在全录公司的帕洛奥图研究中心（PARC），社会学家和电脑专家一同工作。例如，电脑专家寇帝斯（Pavel Curtis）正在打造一个能让人们聚会、交往的网络虚拟空间，和他一起工作的是一名懂得社区如何形成的人类学家。结果，寇帝斯的聚会网站比完全由电脑科学家设计的网站多了许多人情味，更吸引网友的造访。

另一个例子是帕洛奥图研究中心的"艺术家进驻计划"，这个计划是要让电脑专家和艺术家接触，互相影响对方观察和描述世界的方式。位于加州、专门研究多媒体技术的中场研究中心，其中心主任理德（David Liddle）邀请不同领域的一流专家来中心短期"休假"，目的在于促进不同想法和解决问题的方法互相激荡、借鉴。

这种交流的结果是，中场研究中心另外创立了好几个创意十足的新公司。日产设计公司的赫斯伯格在晋用新人时采用全脑式原则，他"成对地"雇用设计师。也就是说，如果他雇用一个崇尚自由运用纯净色彩和韵律的设计师，接着他就会再雇用一个非常理性、毕业于德国包浩斯设计学校的设计师，后者偏好分析，着重于功能性。

一个组织如果采用完全一致的认知方法，运作会很有效率。但全录公司帕洛奥图研究中心、中场研究中心和日产设计公司学到的是，无论这一群人多么聪明，如果让他们面对完全不同的观点，可以使他们更能运用创新的方法解决问题。附：

组合一：同质性团队

下图显示团队中的每一个人在处理问题和挑战时，同样强调正确性。团队成员都是工程师，他们知道如何正确地做事。虽然他们的工作质量很好，但很难跟他们共事。他们有自己做事的方法，不愿意违反标准。这个团队负责公司一项重要业务，公司内部一直很重视他们的意见。最近，这个团队的成员发现他们遇到了困难，因为公司在组织再造之后，其他部门获准将工程业务外包。

组合二：异质性团队

主管服务团队的成员包括来自信息部、邮件室和自助餐厅的经理人。虽然这些成员的工作目标都与质量有关，但他们面对的业务问题却大不相同。经理人最主要的思考模式位于下图的右下象限：天生的协调者，开发人们的潜能，以同情心来倾听，培养下属对他的尊重。原先各自为政、无效率的各项功能，在他的领导之下整合起来。团队成员把彼此当作资源，享受团队的异质性，以他们的工作为荣。

第九章

增长中的高新技术产业

中小企业具有高度的灵活性，且以其勇于创新的开拓精神，高效地开发出许多新技术、新产品，开创了一系列新兴行业和市场潜力无穷的经营新领域。互联网的繁荣以及数字技术的频繁更新换代，为中小企业的发展提供了广阔的发展空间，越来越多的中小企业进入高新技术产业是时代发展的必然。

高新技术与高新产业

高新技术产业的特征

高新技术产业与传统产业相比较呈现的主要特征，表现为以下"七高"。

1. 高智力

即职工文化水平和专业技术水平高，且技术密集度高，需要多学科、多行业的合作。

2. 高投入

高新技术产业不仅科研费用、中试开发投资高，产业化过程中的投资比更高。

3. 高效益

高新技术产业消耗能源及原材料都很低，所以都给企业带来高附加值。据国外统计，按单位重量的价值计算，如果小轿车是1，则彩电是5.5，计算机是33，航空发动机是155。

4. 高风险

西方高新技术的成功率只有20%。在失败的原因中，因管理不善的占70%以上。

5. 高速度

高新技术产业发展速度快，产品更新换代快，国外一般2至3年就更新一代产品，目前我国也只有5年左右。

6. 高竞争

高新技术产业的竞争总结起来有5个方面，即人才、技术、信息、资金和管理，缺一不可。

7. 高潜能

高新技术产业从总体上说对国家的政治、经济、文化、军事以及整个社会的进步都具有重要影响，具有很强的渗透力和扩散性，具有很高的态势和巨大的潜力。如渗透力之强，在国内已表现在广泛地向传统产业渗透，推动其他产业向高级化发展。

我国高新技术产业的发展

我国是发展中国家中率先进行高新技术开发、拥有高新技术攻关能力并已初步建立了高新技术产业的国家。

1986年3月，我国制定了《高技术研究发展计划纲要》，简称"863计划"。这个计划的指导思想是：为缩短我国在高技术领域同世界先进水平的差距，首先在一些重要领域对世界先进水平进行跟踪，力争有所突破。《纲要》中提出了以下7个技术领域的十几个主要项目作为研究开发的目标：

生物技术——包括高产、优质、抗逆的动植物新品种，新型药物、疫苗和基因治疗，蛋白质工程；

航空航天技术——包括大型动载火箭，以和平为目的的空间研究与开发；

信息技术——包括智能计算机系统，光电子器件，光电子系统集成技术，信息的获取、传递与处理技术；

激光技术——包括高性能、高质量的激光器及其在加工、生产、医疗和国防上的应用；

自动化技术——包括计算机综合自动化系统，智能机器人；

新能源技术——包括燃煤磁流发电技术，先进的核反应堆技术；

新材料技术——包括高性能结构材料和特种功能材料的研究与开发。

这个为20世纪和21世纪初我国经济向更高水平发展创造条件的研究计划，于1987年2月正式开始，计划投资规模105亿元人民币和1亿美元。

继"863"计划之后，1988年我国又制定了一个发展高技术产业的计划——火炬计划。由于这一计划的产生，使中华大地上出现了一大批本书的主体——高新技术企业和一批高新技术产业开发区。

这两个计划实施以来，在广大科技人员的努力下，取得了令人瞩目的成就，在某些领域缩短了我国同世界先进水平的差距，加速了我国高技术的进步和高新技术产业化的进程。

对高新技术中小企业的认识

高新技术中小企业的特点

高新技术中小企业通常承担了大公司无法承担的风险。在美国，消费者和公司都常常依靠高新技术中小企业探索那些潜在的或刚刚浮现的市场以及小市场的技术商品化。

高新技术中小企业的主要经济作用是：发掘、探索或在一些情况下开拓美国经济前沿，这包括产品、服务、技术和市场，为经济的增长和发展寻求那些尚未被人们所认识的或者忽略了的机会。美国的大部分产业中都有高新技术中小企业，但有些产业中的高新技术中小企业特别密集。高新技术中小企业利用产业的特征，以及自身"小"的优势，扬长避短，得以在这些产业中存在与发展。

归纳起来，高新技术中小企业有如下特点：

1. 产业对应的市场零散、具有技术活力、增长速度高

在这种产业中大公司竞争少，没有很多标准规定，机遇多。如软件工业、网络服务和仪器工业。大公司对这种新兴的产业在开始阶段未给予足够的重视，给高新技术中小企业创造了发展空间。

2. 风险大

高新技术处于科学技术的前沿，探索过程中成败是难以预见的。因此，任何一项开创性的构想、设计和实施都含有风险，要么取得巨大成功，要么酿成严重失利。

除了传统风险之外，高新技术中小企业面临的风险还有：无公司标准、产品和服务没有客户经验、由于标准变化而有可能使开发出来的产品很快过时、产品开发时得不到用户反馈意见影响产品服务的市场需求等。正因为如此，才出现了促进高新技术中小企业发展的重要措施——风险资本。据统计，美国的高新技术中小企业的成功率只有15%~20%。

3. 企业的研究开发密集度高

高新技术中小企业属研究开发型企业，研究开发活动对高新技术中小企业的生存与发展，可以说至关重要。高新技术中小企业用于研究开发的费用，一般占其产品销售额的5%~10%，最高的可达50%，比发达国家用于科研经费的平均水准还高出好几倍。而且，由于生产技术发展迅速，工艺更新快，高新技术中小企业的设备更新费用也很大，且更新的时间越来越快。

4. 充分利用已有的技术和商业基础

高新技术中小企业在其发展的过程中，通常是在已有的商业、技术基础设施上"左右逢源"。在商业上，指从法律、会计、银行系统得到帮助或指导。在技术上，则直接把大公司实验室、大学的研究成果拿来为己所用。

大学已有的研究成果，现有研究活动和研究人员本身就是高新技术中小企业的技术资源。另外，高新技术中小企业可通过与大公司的关系，直接或

间接地接近用户。如家庭网络业务，市场零散，这一行业的高新技术中小企业利用大的有线电视和电话公司成功地宣传自己，接触到了客户。

5. 善于创新

高新技术是在广泛利用现有科学技术成果的基础上，通过代价高昂的研究与实践，不断积累和开拓知识领域，将会在技术上得到不断的创新。因为高新技术中小企业发展的要点是保持技术上的先进，这不可能利用某一类长时间不变的技术。

要生存，就要不断创新，就要不断投入高新技术。高新技术可以是自己发明创造，也可以通过购买。高新技术中小企业只有不断地研究、开发，投入新的先进技术才能发展壮大。因此，可以说高新技术中小企业是起源于创新，在竞争中不断创新。

6. 创办者具有高学历

高新技术中小企业的创办者大都是由大公司（或大学）分离出来的具有大学文凭的人员。这些人不仅有高智力，且富有创新精神，有胆有识，敢于承担风险。

7. 靠近大学或研究单位

大学和研究单位是人才的集中地，是丰硕的科研成果的产地，也是高新技术中小企业劳动力的源泉。大学实验室不仅向大学提供新思想、新成果，由工业部门将其转化为新产品投入市场；而且还有许多科技人员从实验室分离出来进入高新技术中小企业。

大学设立科学园更密切了工业与科研、教育的关系，加速了成果商品化的过程，促进了高新技术中小企业的发展。高新技术中小企业的创办地点一般均选在大学或研究单位的周围。如美国高新技术中小企业集中在硅谷，就是美国第一流大学斯坦福大学所在地。英国的剑桥高技术区，则有世界上享有盛名的剑桥大学。

斯坦福大学要求每个教授必须与至少一个高新技术中小企业有合作关系

或自己开公司，这对加速高技术产业化是很关键的一项措施。

高新技术企业创立的条件

高新技术企业必须是知识密集、技术密集的经济实体，必须是以市场为导向，引入竞争机制、创新机制、风险投资等新型机制的企业。同时，创立高新技术企业必须具备下列各项条件：

（1）从事国家有关管理部门所规定范围内的一种或多种高新技术及其产品的研究、开发、生产和经营业务（单纯的商品经营除外）。

（2）实行独立核算，具有独立法人资格。并实地自筹资金、自愿组合、自主经营、自负盈亏、自我约束、自我发展的"六自方针"。

（3）企业的负责人是熟悉本企业产品研究、开发、生产和经营的科技人员，并且是本企业的专职人员。

（4）具有大专以上学历的科技人员为企业职工总数的30%以上；从事高新技术产品研究、开发的科技人员应占企业职工总数的10%以上。从事高新技术产品生产或服务的劳动密集型高新技术企业，具有大专以上学历的科技人员占企业职工总数的20%以上。

（5）有10万元以上资金，并有与其业务规模相适应的经营场所和设施。

（6）用于高新技术及其产品研究、开发的经费应占本企业每年总收入的3%以上。

（7）高新技术企业的技术性收入与高新技术产品产值的总和应占本企业当年总收入的50%以上。

（8）企业有符合国家法律规定的企业章程、健全的组织机构以及严格的技术和财务管理制度。

（9）高新技术企业的经营期在10年以上。

高新技术及其产品的确认

在对高新技术企业进行创建初审和年度认定时，其中一项是确认企业所生产、研制和开发的产品，是否属高新技术产品范围，同时对产品成熟状况及知识产权所属进行初审和认定。

高新技术产品范围一般参照国家火炬计划重点支持技术领域指南所确定的科目，及各省市科技管理部门结合本地工业特点及科技发展要求所拟定的最新细目为准。

对产品成熟状况进行认定时一般从下列几个方面进行：

（1）该技术及产品是否获奖？包括：国际奖、国家级奖、省（市）部委级奖及其他。重点支持五类科技成果奖励项目，即：国家自然科学奖、国家发明、国家科学技术进步奖、合理化建议和技术改造奖、国家星火奖。

（2）该技术及产品是否申报专利？重点支持发明专利项目及部分属高新技术产品范畴的实用新型专利，包括已取得专利申请号项目。

（3）该技术及产品是否通过国家及省（市）部委级成果鉴定。重点支持技术水平达到：国际领先、国际先进、国内领先和先进的项目。

（4）该技术及产品是否列入国家或地方计划项目。一般包括：国家（地方）级火炬计划项目、国家"863"计划项目、国家（地方）成果推广计划项目、国家（地方）星火计划项目、国家（地方）攻关计划项目及引进消化项目。

（5）该产品是否有注册商标。

（6）该产品质量标准水平如何？包括：经权威质量检测部门检测，产品质量达到国际标准、国家标准、部门标准、企业标准、订货合同标准等。

（7）最后核查产品开发投入状况。一般分为：大规模批量生产、中试生产、小量非常规生产、工厂产品样机、实验室样机及尚无样机。

另外，在对技术和产品进行认定时，知识产权的所属一定要求手续清楚，决不能将知识产权的纠纷带入高新技术企业中。

高新技术企业的类型

我国企业的类型很多，这里先介绍传统企业的类型。传统企业从不同的角度和用不同的方法来划分，大致有以下几种：

（1）按企业的所有制形式划分，可分为：全民所有制企业、集体所有制企业、中外合资企业、全民所有制和集体所有制联合企业、私营企业、外资企业。

（2）按企业的规模划分，可分为大型企业、中型企业、小型企业。

（3）按企业隶属关系划分，可分为中央直属企业、地方企业、乡镇企业、区街企业。

（4）按组织形式划分，可分为子公司、分公司、公司、联合公司、总公司、单厂企业、多厂企业、企业集团。在公司中又有全国性公司、地方性公司、跨行业公司之分。

（5）按行政级别划分，有部级企业、局级企业、处级企业、科级厂等等。这是我国特有的划分企业方式。

（6）按照在法律上的资格划分，可分为法人企业和非法人企业。

（7）按企业在社会再生产过程中的职能划分，可分为生产企业、流通企业、金融企业和消费服务企业。

生产企业按大的产业类型又分为工业企业、交通运输企业、邮电企业、建筑安装企业、勘察设计企业、农业企业、林业企业、畜牧业企业和水产企业。在工业企业内部，按行业还可划分为电力、石油、煤矿、冶金、机械、化工、电子、纺织、轻工等。在行业内部还可以按产品类别划分。

高新技术企业注重的是企业机制，因此类型主要是依经营方式而定。高新技术企业可分为以下6种类型。

（1）研究开发型。这类高新技术企业以科研院所、高等院校的科研力量和资力资源为依托，具有较强的科学研究和技术开发能力，主要将大量的研究开发成果转让、推广，使科技成果尽快转化为生产力，同时进行有限的技术贸易。

（2）技工贸结合型。这种类型企业是高新技术开发区内占主体的企业，它们实行技术开发、产品研制，以及小批量生产、销售、服务一体化。采取以技促工，以贸养技，根据市场需求自选科研课题，形成一个自我积累、自我完善、自我发展的良性循环运行机制。

（3）教学、科研、开发、销售一体型。高等院校在不影响教学和科研的情况下，抽出部分教师从事技术开发和成果推广应用。

（4）技术贸易型。这种类型多为高新技术企业的经营部，主要经营高科技产品及配套元器件、设备和技术等。它不同于一般商业，要求销售人员具有较高的专业知识，企业有自己的销售工程师。很多这类企业多由大学生和研究开发人员去经营，一方面卖产品，一方面为顾客进行技术培训。

（5）技术咨询服务型，也有称"头脑型"企业。这类企业所占比例很小，它们主要作为中介组织或从事技术培训工作，除了依靠自身的技术和力量，主要聘请高校和科研院所以及中央部委的专家兼职为其服务。根据市场的情况，经济发展的各类需要，为国内技术力量比较薄弱的企业进行技术服务、咨询、培训、项目评估等多种服务。

（6）科工贸集团型。是集研究、开发、生产、销售、对外贸易于一体的技术经济组织，集团成员各自独立核算，各有其长，互辅互补，人才齐全，结构合理。这类企业研究、开发、消化、吸收高新技术的实力较强，同时装备精良、工艺先进、质量管理严格、销售网络全、进出口渠道畅通。

火炬计划

1985年下半年，国家科学技术委员会经过长期酝酿，提出了建立高新技术产业开发区，实施"火炬计划"的概念。当时的火炬计划中包含了高新技术的研究、开发和产业化。1988年8月为了建立和发展我国高新技术产业，办好高新技术产业开发区，党中央和国务院批准实施火炬计划。1988年8月3日，在北京召开了全国第一次火炬计划工作会议。

火炬计划是由国家科委组织实施的一项发展我国高新技术产业的指导性计划。其指导思想是贯彻改革开放、发展经济的总方针，发挥我国的科技优势，利用国内外的一切有利条件，建立和发展我国的高新技术产业，实现我国产业结构的合理调整，增强国际竞争能力，最大限度地解放和发展科技第一生产力。

实施火炬计划的宗旨是实现高新科技成果的商品化、高新技术商品的产业化、高新技术产业的国际化。

火炬计划的主要任务是：创造适合于高新技术产业发展的环境和条件；办好高新技术产业开发区和开发带；选择和支持火炬计划项目；办好高新技术创业服务中心和大学科技园区；推动并实施高新技术产业的国际化；培养和造就一大批科技实业家和专门人才。

火炬计划的组织实施使我国高新技术产业开发区的建设与发展由自发兴办转而纳入了政府的议事日程，成为我国有组织、有计划、有步骤地发展民族高新技术产业的重要组成部分。

根据火炬计划的实施情况，将重点支持的领域分为：

1. 电子与信息领域

（1）电子与计算机及外部设备：高档小型微型计算机、工作站；多媒体计算机技术及便携机、笔记本计算机；存储设备、显示终端、打印设备；自动绘图仪、数字化仪；高稳定抗干扰电源。

（2）计算机软件：中国版本的系统软件；中国版本的支撑软件；商品化的应用软件；专家系统、决策支持系统。

（3）信息处理设备：具有综合处理能力和网络化的办公自动化设备；自动排版设备与系统；激光照排设备与系统；文字语音等识别、图形、图像处理设备；光电信息处理设备。

（4）计算机、通信网络系统：远程网络系统；局部网络系统；数模混合网；无线与有线混合网；综合业务数字网。

（5）电子、光电子元器件：高性能电真空器件；半导体器件；集成电路、厚薄膜混合集成模块；片式元器件；激光与光电子器件。

（6）广播电视设备：新型彩色电视发送设备；高清晰度、数字彩色电视接收机；录像机及高保真音响设备；全固态调频广播电视发射设备；电视制作设备；数字、声音广播收发设备。

（7）邮电通信设备：卫星通信设备；数据通信设备；移动通信设备；程控数字交换机；微波通信设备；光纤通信和集成化光端机；多媒体通信终端。

（8）社会公共安全设备与控制系统：高性能的防火防盗报警探测器及传输、控制系统；安全检查仪器、设备及安全保险装置；高性能电视监控与管理系统。

2. 生物技术领域

（1）农林牧渔：应用基因工程、细胞工程及其他新型育种技术培育高产、优质、抗逆的农林作物新品种；快繁植物种苗及人工种子；应用基因工程、细胞工程及其他转基因技术培育良种畜禽、水产新品种或新品系；兽用基因工程疫苗；农用基因工程产品；农作物制剂（包括微生物农药、植物生长调节剂、微生物肥料等）；农用单抗诊断试剂和酶诊断试剂。

（2）医药卫生：医用单抗诊断试剂与试剂盒；酶诊断试剂及酶用试剂；单克隆抗体偶合类药物；DNA探针与基因诊断制剂；基因工程疫苗；基因工程药物；活性蛋白与多肽；医用药用酶；微生物次生代谢产物（氨基酸、维生素及新型抗生素）；药用动植物细胞工程产品；应用现代生物技术改造传统生物制品、抗生素及其他药物；海洋生物制取的新型药物；生物技术制取中药及制剂。

（3）轻工食品：新型工业用酶制剂；发酵法生产氨基酸；新型有机酸；微生物多糖及糖脂；天然色素与香精香料（包括提取及发酵方法）；新型、高档食品添加剂；新型活性酵母及制品；淀粉糖及其衍生物；应用现代生物技术改造传统食品及轻工产品。

（4）其他生物技术产品：生物化工新产品；环境治理用生物技术及制品；高效分离纯化介质；生物技术研究用试剂；标准实验动物；新型、高效生物培养设备。

3. 新材料领域

（1）金属系新材料：高纯超细金属材料及制品；高性能特殊合金材料；稀有金属及稀土材料；特种金属纤维及制品；金属箔材及异型材；非晶、微晶材料；形状记忆合金；大直径半导体材料；磁性材料；贮能材料；表面改性金属材料；生物医学金属材料。

（2）无机非金属材料：高纯超细陶瓷粉体；高温、耐蚀结构陶瓷；高性能功能陶瓷；特种陶瓷纤维；生物陶瓷；金刚石薄膜；超硬材料；光电人工晶体；特种玻璃及制品；高性能光纤；特种石墨制品；新型建筑材料；特种涂料。

（3）有机高分子材料：新型工程塑料及塑料合金；功能高分子材料；有机硅及氟系材料；特种合成纤维；特种橡胶及密封阻尼材料；精细化工材料；液晶显示材料；高效催化剂；有机分离膜；传统有机高分子材料的改性材料；生物医学用高分子材料；有机光电子材料。

（4）复合材料：树脂基复合材料；金属基复合材料；陶瓷基复合材料；复合材料用高性能增强剂。

4. 机电一体化领域

（1）智能化机构及设备：工业机器人技术及产品；柔性制造技术及产品；中、高档数控系统、伺服控制系统、数控机床、加工中心及CAD/CAM应用开发；电力电子技术产品；激光加工设备；智能化的电器、电力设备；

机电一体化的化工、纺织、印刷等机构设备。

（2）仪器仪表：新型工业自动化仪表；高性能分析仪器和信号记录仪器；高性能光学仪器；新型电子测量、计量仪器；新型传感器。

（3）工业过程控制技术及产品：中、高档可编程序控制器；总线控制机及模板；集散式控制系统；分布式控制系统；其他智能控制器。

（4）医疗器械：新型医用诊断仪器、设备；新型医用治疗仪器、设备；医用电子监护仪器、设备；医用生化分析仪器。

5. 新能源、节能与环保领域

（1）新能源：太阳能高效集热器及发电设备；太阳电池及应用系统；大中型风力发电力；农林残余物热解汽化设备；新型制氢和贮氢装置；新型高能蓄电池；地热、海洋能的应用装置。

（2）高新节能：①节煤技术及产品：高效集中供热和热电联产的大、中容量工业锅炉；新型流化床工业锅炉；工业窑炉的新型燃烧装置；新型余热回收装置；高效蒸汽管网设备。②节电技术及产品：新型节能风机、水泵、油泵；新型高效压缩机；节能型空气分离设备；节能型空调器、冷藏柜、高效制冷机；新型高效电机调速装置；逆变式电焊机；新型高精度可控气氛炉；高功率和超高功率大吨位电弧炉；低损耗电力变压器。③节油、节水技术及产品：新型节能型内燃机；新型节水设备。④节能计量仪器仪表与自控装置。

（3）环境保护：①大气污染防治设备：高效、多功能（除尘、脱硫、脱氮、防爆）除尘器；高效烟道气脱硫及二氧化碳处理回收装置；新型工业废气净化回收装置；汽车排气净化装置。②水体污染防治设备：城市污水处理设备；工业废弃物处理、净化及循环利用设备。③固体废弃物处理设备：固体废弃物分离、分选和处理设备；危险废弃物的安全处理设备；城市垃圾的运输和处理设备。④噪声振动、电磁辐射和放射性污染防治设备。⑤环保监测仪器：环境大气和气体污染源监测仪器；环境水质和污染源水质监测仪器；固体为弃物监测仪器；噪声振动、电磁辐射和放射线监测仪器。

6. 其他高新技术领域

（1）辐射技术及应用。

（2）海洋工程。

（3）新型化学合成医药、农药。

（4）轻型、特种交通工具。

（5）与五大领域配套的相关技术及其产品。

地方制定的高新技术及新产品项目

按照国家制定的高新技术范围，各地方科技管理部门，都定期结合当地的实际，规定一定时期内的高新技术及其产品细目。现选择较有共性的九类供有志进入高新产业的创业者参考。

1. 新材料

（1）新型金属材料及加工技术

①超导材料。

②储能材料。

③非晶、微晶合金。

④形状记忆合金。

⑤其他新型功能材料、结构材料：高性能磁性材料及磁介质；高温合金；高强度、高韧性合金；减震合金；超塑合金；超弹合金；超硬合金；超低温合金；难溶金属材料；新型电真空材料；新型半导体材料。

⑥硬质合金及加工材料。

⑦高效电池材料。

⑧触媒材料。

⑨贵金属及其代用材料。

⑩高纯、超细金属粉末材料及其化合物。

（2）新型非金属材料及加工技术

①精细陶瓷材料及产品：高温结构陶瓷；高强、增韧陶瓷；高硬、而耐磨陶瓷；生物、生化陶瓷；光学陶瓷；导电、压电陶瓷；半导体陶瓷；磁性陶瓷；高纯、超细陶瓷粉料；陶瓷晶须及纤维。

②新型高分子材料：特种工程塑料及高分子合金、新型橡胶材料；元素有机高分子材料；功能高分子材料；高分子分离膜材料。

③人工合成晶体及产品：人造宝石制造技术及产品；人造金刚石制造技术及产品；人工合成云母制造技术及产品；人造水晶制造技术及产品；非线性光学晶体、红外晶体、闪烁晶体。

④特种纤维材料及产品：高能、高弹、高硅氧纤维；功能光学纤维；塑料光纤；光纤面板及微通道板。

⑤新型功能薄膜。

⑥特种玻璃及镀膜技术：石英玻璃及镀膜技术；石英玻璃、熔封玻璃、微晶玻璃。

（3）复合材料

①金属基复合材料。

②树脂基复合材料。

③陶瓷基复合材料。

④增强体材料：晶须材料、高性能纤维、颗粒材料。

⑤基体材料。

（4）精细化工材料

①信息用化学品：磁性记录材料；液晶显示材料；压电性和热电性材料。

②试剂：医用试剂；生物试剂；环境试剂；电子试剂。

③高纯物质：高纯固体；高纯气体；高纯液体。

④粘合剂：结构粘合剂；特种粘合剂；高、低温粘合剂；导电粘合剂；感光粘合剂；医用粘合剂；密封粘合剂。

⑤新型高效食品与饲料添加剂。

⑥新型高效催化剂与合成材料助剂。

⑦染料：分散染料；活性染料；阳离子染料；新型染料中间体。

⑧涂料：粉末涂料；射线固化涂料；非水分散体涂料。

⑨表面活性剂。

2. 电子与信息

（1）电子计算机

①具有汉字处理功能、微型化的超级小型机。

②具有汉字处理功能的微型机。

③仿真机系列产品。

④工业控制机及系统。

⑤教学机系列产品。

（2）计算机外部设备

①存储设备。

②字符显示终端。

③图像显示终端。

④打印终端设备。

⑤自动绘图仪。

⑥坐标数字化仪。

⑦高稳定抗干扰电池设备。

⑧信息输入设备。

（3）软件和信息处理

①系统软件。

②支撑软件。

③应用软件。

④辅助工程、设计、制造、测试、教学系统。

⑤生产过程控制。

⑥软件新技术及其产品。

⑦软件固化技术及其产品。

⑧汉字技术及其产品。

⑨情报检索系统和图书馆自动化系统。

⑩人工智能软件与专家系统。

（4）计算机网络及通信系统

（5）基础电子元器件

①电真空器件：显像管、射线管、磁控管。

②半导体器件：半导体功率器件、微波器件、发光器件、显示器件、敏感器件、传感器件、电力器件、GaAs器件；SMC及其他新型半导体器件。

③集成电路：数字集成电路、线性集成电路、功率集成电路、混合集成电路、集成模块以及其他新型集成电路。

④通用电子元配件：SMD（表面组装元件）系列产品；晶体振荡器、谐振器、滤波器；高保真电声元件；高性能磁性元件；各种敏感元件及传感器；高频、耐高压、大功率阻容元件；各种新型、高性能、高可靠接插件、开关继电器等元件；各种微型化、高可靠电子元件。

（6）广播通信设备

①大型彩色电视发送设备和高清晰度、多功能、数字电路彩色电视接收机、液晶电视、录像机、高保真音响系统及其他新型音像设备。

②卫星通信设备。

③数字通信和数据传输设备。

④移动通信设备。

⑤程控交换机。

⑥各种雷达设备。

⑦全固态调频广播发射设备。

（7）电子测量仪器及专用设备

①半导体器件、集成电路参数测量仪器和工艺试验及制造设备。

②各种电子元件参数测量仪器和工艺试验及制造设备。

③广播、通信的各种测试仪器。

④数字仪、智能化测试仪器。

⑤数据域测试仪器。

⑥高分辨率信号记录仪器。

（8）激光器件及材料

①各种激光器件及激光电源。

②各种激光调制器。

③激光光学元件及材料。

（9）激光应用技术

①激光加工设备：激光焊接、切割、热处理、划片、微调、打孔等。

②激光测试：激光测距、测长、测径、测速、测粒度、导向、准直、分析检测、表面质量和形状检验、激光参数测量。

③激光信息处理：激光全息、激光高速摄影。

④激光印刷：激光打印机、激光复印机、激光比色机、激光照排系统。

⑤激光存贮（光盘）。

⑥医用激光：激光诊断仪器、治疗仪器、激光内窥镜、激光美容机等。

⑦激光光谱仪器。

（10）光电器件及材料

①微光及红外器件。

②真空光电器件。

③激体光电器件。

④光电材料。

（11）光电器件的质量检测仪器

①光电参量计量仪器。

②光电参量传感仪器。

（12）光电应用技术

①夜视及热像仪。

②光电检测及探测技术。

③光电控制技术。

④电镜。

⑤等离子技术。

（13）光纤通信

①各种光纤通信器件、调制器、连接器。

②各种光纤。

③光端机及系统。

④光纤通信工艺装备及测试仪表。

3. 机电一体化

（1）智能化机构

①工业机器人：检测、传感元件及产品、传动基础元件及产品、伺服驱动元器件及产品、光电控制系统，力觉、视觉系统技术及产品。

②柔性制造技术及设备：数显、数控机床；加工中心、柔性单元、柔性系统及其配套设备。

③微电脑控制的机械设备。

④智能化的电器设备。

⑤智能化的电力设备。

（2）仪器仪表

①新型自动化仪表及系统。

②分析仪器：质谱、色谱、波谱、光谱、能谱、电化学、热分析、工艺流程分析仪器。

③光学仪器：图像分析仪、色度仪、高精度计量仪、大地测量仪器、各种光度计等。

④照相与缩微器材。

⑤新型电工仪器仪表。

⑥真空获得及应用系统与仪表。

⑦电子量具、量仪。

⑧传感器。

4. 生物技术

（1）基因工程技术及其产品

①动植物基因工程育种。

②基因工程疫苗。

③基因工程干扰素。

④染色体工程育种。

⑤其他基因工程产品。

⑥蛋白质工程及其产品。

（2）细胞工程技术及其产品

①动植物细胞工程育种：原生质体培养和细胞融合技术育种；植物胚培养及无性系变异育种；人工种子；细胞工程技术培育鱼、虾等新品种；动物胚胎嵌合技术。

②人医用单克隆抗体诊断试剂。

③农用单克隆抗体诊断试剂。

④单克隆抗体偶合物类药物。

⑤动植物细胞或组织大规模培养生产有用物质。

⑥细胞的固定化技术及设备。

⑦动植物优良品种的快速繁殖。

（3）酶工程技术及其产品

①食品加工用新型食品及酶制剂。

②其他工业用新型酶制剂。

③酶诊断试剂及试剂盒：酶联试剂、酶传感器、酶标免疫试剂、酶诊断试纸。

④工具酶。

⑤酶、辅酶的固定化技术和再生技术及设备。

（4）发酵工程技术及其产品

①微生物多糖、新型抗生素、生长激素等微生物代谢产物。

②微生物农药。

③甾体激素。

④发酵工程和酶工程技术生产的精细化产品。

（5）生化工程及其他支撑体系

①各类新型生物反应器。

②生物传感器、生物芯片。

③生物技术后处理中破碎、分离、纯化、提取等技术及其设备。

④各种标准化实验动物。

（6）新药物

凡我国未生产过的药物，或采用高新技术生产的已有药物，并符合我国新药物管理条例规定的，可列为新药物。

①新型预防性药物。

②新型诊断性药物。

③新型治疗性药物。

④新型药剂附加药物。

（7）生物医学工程

①生物化学分析及临床检测仪器：生物化学试剂及药盒；血液学临床检测、检验仪器；血液流变学仪器；生物化学传感器及电极。

②生物结构分析和医学图像装置技术及产品：核磁共振等断层成像系统；核医学成像装置；超声成像装置。

③生物功能分析和生物信息检测技术产品：电生物信号技术及设备；非电生物信号技术及设备；微波热图技术及设备；临床监护类技术及设备。

④生物信息处理及计算机应用系统：生物信息计算机处理分析系统；医学图像计算机应用系统。

⑤物理及特种治疗技术装备：射线治疗；超声治疗类；激光治疗类；电磁波治疗类；生物反馈治疗装置。

⑥人工器官及医用生物材料（包括吸附材料）技术及产品：心、肺、肾、肝、胰人工脏器；心脏瓣膜、关节、骨、血管等人工器官及假体；医用高分子材料及制品。

⑦传统医学仪器：经络、穴位、诊断及治疗仪器；气功、特异功能诊断及治疗仪器；中医四诊客观化诊断分析仪器。

⑧其他医用高技术产品。

5. 能源技术

（1）新能源技术及其产品

①太阳能技术及其产品：各种硅太阳能电池；薄膜太阳能电池；高效太阳能元件；太阳能光热转换技术及产品；太阳能热发电技术及产品；太阳能光电转换技术及产品。

②风能技术及产品：风力发电技术及产品；风力助航装置。

③生物质能转化技术及产品。

④地热发电新技术及产品：地热高效利用新技术及产品；地热能综合利用新技术及产品。

（2）节能新技术及其产品

①节电、节水、节煤、节气新技术及其产品。

②节约燃料新技术及产品。

③节能型自控新技术及其产品。

④能源转换、输送、贮存新技术。

⑤节能新工艺。

⑥其他高技术节能产品。

6. 核应用技术及产品

（1）核辐射技术及产品

①核辐射源：中子源、钴源等及其装置。

②工程材料辐照技术及装置：γ辐照站、快中子辐照装置等。

③水果、蔬菜、食品、中药等辐照保鲜灭菌技术及装置。

④农作物辐照育种技术及装置。

⑤核辐射剂量防护技术及仪器设备：各种射线剂量检测仪、探头、计；低本底测量装置；防核辐射屏蔽装置。

（2）核同位素应用技术及产品

①各种核同位素产品。

②核同位素检测仪器及装置。

③核同位素应用装置。

（3）核物理实验技术及产品

（4）核电子技术及产品

①探矿核仪器。

②地质勘探仪器。

③地下水探测核仪器。

④工业用核探测仪器。

⑤医用核仪器及装置。

（5）核三废处理技术

高、中、低废液固化处理处置及装置；固体核废物压缩、焚烧处理处置及装置；核废气处理及回收装置；环境大气监测装置、气溶胶采样器等。

7. 地球科学、空间技术、海洋技术及其产品

（1）能源、矿产资源的勘探新技术

①找油、找矿新技术。

②微生物选矿新技术的应用开发。

③贵重金属勘探开发新技术。

④地下水、热和其他能源、资源勘探开发新技术。

（2）固体地球观察实验新技术

①物化探测仪器。

②地震波、电磁波层析成像技术。

③物化探测资料人工智能解释系统。

（3）大气海洋观测实验新技术、新仪器

①大气遥感、水声遥测、激光和微波新技术。

②新型海洋大气传感器。

③卫星图像和数字资料处理新技术。

（4）空间观测实验新技术、新仪器

①空间环境要素探测新仪器新设备。

②磁类预报卫星故障监测技术。

（5）大型工程、海底设施基础稳定性勘探与监测新技术

①工程地球物理勘探新技术。

②海底设施防腐新技术。

③边坡稳定性监测新技术。

（6）遥测遥感新技术及产品

①森林探火的实施监测传输系统。

②遥感技术找油找矿。

③遥感技术勘探地质的新技术应用。

④遥测、探测地球表层各种环境要素技术的应用开发。

⑤遥感资料处理解释系统。

⑥遥感信息产品（图片、磁带等）。

⑦遥感信息与非遥感信息的复合技术。

⑧遥感仪器。

8. 环境科学和劳动保护新技术及其产品

（1）环境监测仪器和分析仪器

①采用数控技术的水、气、渣分析测试仪器。

②噪声与振动检测和分析仪器。

③核辐射及放射性强度检测和分析仪器。

④电磁辐射及放射性强度和检测、分析仪器。

（2）环境保护所需的各类设备

①污水处理与回收新技术及设备。

②高烟气的净化除尘设备。

③汽车尾气净化器及检测、分析设备。

④放射性辐射防护设备。

⑤噪音和振动防护设备。

⑥防静电技术及设备。

⑦防电磁波辐射技术及设备。

⑧有机化学毒物、重金属离子处理技术及设备。

⑨地下管道腐蚀检测技术。

⑩超纯水技术及设备、材料和仪器。

（3）有关环境管理、环境规划、系统优化、计算机管理等系统方法的
研究开发，计算机软件的研制开发

①环境评价技术研究。

②项目环境可行性分析技术研究。

③计算机管理软件开发。

（4）环境工程工艺的研制

①无毒无废或低毒少废清洁工艺的研制。

②环境治理新工艺的研制：水、气、垃圾、噪声治理工程及放射防护工程。

（5）环境生态工程技术的研究开发重点：废物资源化。

（6）无污染能源的研制开发

（7）劳动保护新技术及产品

①安全检测技术及设备。

②防毒、防爆新技术及产品。

③新型个体劳保用品。

9. 新型建筑材料、结构体系、施工技术及设备

（1）新型建筑材料

①高效防水、隔热、节能和嵌缝材料。

②新型建筑构件。

③新型室内外装饰材料。

③新型洁具。

（2）新型施工技术及设备

①大开间工业化结构的施工技术。

②大吨位、大跨度予应力建筑的施工技术及设备。

③升板、滑模、倒模、全装配施工工艺及设备。

④软弱地基和深基础处理技术及其静态监测技术。

⑤建筑抗震及加固处理新技术。

⑥模拟地震处理技术。

⑦新型建筑机构与机具。

⑧装修干、湿作业新技术、新设备。

高新技术企业的摇篮——企业孵化器

企业孵化器是一个为企业提供可租用场地、提供共享支援服务的商业发展服务设施，是一个创造成功的、创新型新企业的综合系统，有组织地、适时地为尚处于"卵"状态的企业供给其成长期所需要的"营养"条件，以促使其成长起来，成功地造就充满创新活力的企业群体。

换言之，企业孵化器是一种"受控制的工作环境"。在这种环境中，人们试图创造一些条件来训练、支持和发展一些成功的盈利的企业和培育企业家。也就是说，企业孵化器是为创业者在创业初期减轻风险，培育可在激烈的经济竞争中独立生存的企业的一种服务性机构。

这种机构有许多明显的特点：入驻的企业是经过审慎选定的，它们往往正处于发展的早期或初创时期，并具有发展潜力；这里给每个租户提供工作空间，提供企业运营所需设施，例如通信和管理设施；负责训练、开发和帮助提高企业家的管理能力；提供关键的诸如法律和金融方面的专业性服务；租金和服务费用合理以使新建企业不至于负债过重；在企业孵化器中经过3~5年"实习"，企业家取得业务"资格"，从企业孵化器中"毕业"，另觅场所扩大发展规模。

近几年来，孵化器作为一种知识经济下的新型经济组织，在国外悄然发展起来，目前已形成迅猛发展的趋势。孵化器的主要功能是为创业者提供一个创办企业的适应环境，在这个环境中，孵化器可以为初创的小企业提供所需要的基础设施、创业资金和一系列的支持服务，使其成长为成熟的企业。

孵化器为那些勇于创新而缺乏创业资金与管理经验的高科技人才提供了一个良好的创业机会，从而推动并加快了科技成果向市场化、产业化的转变。

企业孵化器的起源

20世纪70年代，由于世界经济的不景气，许多西方学者及政治家都在为振兴经济寻找出路。这时美国的硅谷等地迅速发展起一批高技术中小型科技企业，从而使得越来越多的人对中小型科技企业的作用刮目相看。

在这样的形势下，出现了重视中小型科技企业对经济发展的作用和重新评价小企业的地位。随着小企业数量的增加和各国对中小型科技企业的重视，一种扶持中小型高新技术企业成长的新型组织机构——企业孵化器应运而生。

企业孵化器的概念由美国乔·曼库索于1959年首次提出。1963年在美国和英国各组建了一个企业孵化器。70年代，随着高新技术中小企业的飞速发展，企业孵化器也以惊人的数量增长，到1996年为止，全世界大约有企业孵化器3500家。

创办这些企业孵化器的目的是提供多层次的服务，扶持高新技术中小企业，减少企业初始投资，降低其成长风险，减少破产率，为国家创造大量就业机会和就业岗位以及创造新的经济增长点。

企业孵化器的基本特征

"孵化器"的出现是社会经济发展到一定阶段的产物，它能在短期内获得如此迅速发展，与世界新技术革命浪潮的推动有关，也与其固有的特征密切相关。其基本特征如下：

1. 与大学有密切联系

最初创办"孵化器"的都是大学，将高技术产业与大学结合起来，使高技术能方便地利用大学的场地、设备、人才、信息、技术等优势迅速发展成产业。

西柏林技术革新创业者中心即是由西伯林工大于1983年11月创办的德

国第一个为培育高技术中小企业的"孵化器"，开张一年时间就接纳了23家初创公司，其中15家从事微电子计算机的开发。该中心的一个重要功能即是组织大学与企业的科技合作。随着"孵化器"的发展，创办单位也随之增多，除大学以外，政府、民间非营利团体和私人营利企业也发起创办"孵化器"，特别是私人营利企业更为积极。

在美国，私人营利企业发起创办的"孵化器"占总数的54.4%，大学创办的占9.8%，民间非营利团体创办的占5.7%，政府（包括州和地方政府）创办的占30.1%。尽管发起单位不同，仍有80.6%的"孵化器"与大学有联系。

2. 得到政府的扶持

"孵化器"具有强烈的政府背景色彩。具备政府背景的资助或拨款的"孵化器"，在美国占总数的51%。在欧洲企业创新中心网络成员中，具有政府背景的投资占56.5%。德国慕尼黑技术中心，政府投资占70%。

西柏林技术革新创业者中心由市政当局共投资270万马克。此外，从"孵化器""毕业"的企业有20%留在"孵化器"附近，60%建在原城市，这对促进地方经济发展起了较大作用，因此，政府的扶持对"孵化器"是不可或缺的。

3. 以新创高技术中小企业为孵化对象

国外建立"孵化器"一般有3个目标：

（1）创造新的就业机会；

（2）促进地方经济发展；

（3）谋求高额利润。

由于高技术产业具有高技术密集、高投资、高效益、高渗透性、高竞争、高风险的基本特点，因此，高技术中小企业可以创造较多的就业机会，高技术创业者与新创就业机会的比率可高达1：500或1：1000。

高技术产品也是高附加价值的产品，生产高技术产品的中小企业也可以获取比生产传统产品高得多的利润。高技术产品较强的渗透性，使其对经济有巨大推动作用，并且"孵化器"也能获得较高的利润。

因此，"孵化器"最愿意选择新创高技术中小企业为孵化对象。据统计，以新创高技术中小企业为培育对象的"孵化器"占总数的85.7%，而以技术开发为首要目标的只占2.5%左右。由此可见，高技术中小企业发展与"孵化器"是紧密相关的。

4. 投资少，规模小

在美国，"孵化器"大多分布在中小城镇，规模较小，40%的"孵化器"年活动费在5~10万美元，而且一般是由4~5人进行管理的。有80%的"孵化器"是建立在旧楼房或经过修缮的废弃厂房中。西柏林技术革新创业者中心的房屋即是一栋经修复的面积约为5000平方米的有100年历史的古建筑。

5. 规定一定的孵化时间

在国外，初创企业的孵化时间一般为3年，最长不超过5年，所以，往往规定租户公司只能在"孵化器"里停留1~3年。对我国11个省市调查表明，民办科技机构发展顺利与不顺利的转折点在其成立3年后。这一国内外类似的现象说明企业家的成长在事业初创时期都需要支持。

6. 集中创业要素

有人把人才、技术、知识和资金称为企业创业的4要素。人才即是企业家，是能看准机会并且勇于创业、勇于实践的人，这是创业要素中最活跃、最根本的要素。技术即是创新的设想、新的构思，是可商品化产业化的思想，这是培育新企业的种子。

知识即是将优秀的设想、创新的构思转化为产品或服务的能力。知识需要不断补充和更新，转化能力是反映知识水平的标志。资金是整个创业过程的燃料，没有资金创业过程即中止，企业也无生命。

"孵化器"为租户公司提供的各种服务有：秘书服务，行政管理服务，设施管理服务和经营管理服务等4方面的工作。所谓经营管理服务，具体说是指营业和销售的指导（即市场开发）、财务会计指导、资金筹措渠道等等服务。

因此，"孵化器"就是集合了创业4要素的有机组织，从而能提高"孵化器"内的中小企业的成活率和生存能力。并不是所有的"孵化器"都有各种服务网络，但都特别重视为新创业的企业提供稳定的经营活动的咨询服务，使企业有一个在初创期所需要的比较安全的环境，从而扶持企业成长。

在"孵化器"内的租户公司认为从"孵化器"可以得到4种关键性的帮助：

（1）"孵化器"可以帮助租户公司取得社会信任；

（2）可以帮助创业者加快学习进程；

（3）可以帮助租户公司更快解决问题；

（4）可以介绍他们进入公司网络。

这些认识是与"孵化器"具有创业4要素密切相关的。

从"孵化器"的基本特征中可看出"孵化器"的成功要素有如下6点：

（1）能提供场地及设施的服务，自身具有较强的经营管理能力。

（2）具有获取资金的渠道，包括贷款和投资以及风险资本，资金渠道始终保持畅通。

（3）熟悉创业网络，对创业者能进行创业培训和教育。要使成熟的企业离开"孵化器"独立生存，就必须对创业者进行培训，避免成熟企业不愿意"毕业"。

（4）与大学或研究所有紧密联系，具有技术、资料、信息、设备、人才等坚实的支撑，使创业者具有丰富的智力资源。

（5）善于选择培育对象，事先确定培育对象的分阶段目标，关键是树立成功的形象。

（6）有政府的扶持，在体制、政策、法律、基础设施、资金等各方面为创业者提供保障。

由此可见，集中创业要素，建立支撑网络，树立成功形象，提供法律保障，这是"孵化器"的基本特征，也是其成功的根本要素。

德国慕尼黑技术中心就是"孵化器"的一例。这个中心建立在一座占地3000平方米的5层大楼里，该技术中心的任务是促进科研成果迅速转移到生产，鼓励有新设想的人创建新的企业。

由政府投资70%，当地工商会和手工会各投资15%。1987年技术中心已吸收22家微电子、激光、软件工程等高技术租户公司，专职人员达120余人。技术中心为租户公司提供工作场地和设备服务、行政管理服务、文书工作服务及经营管理服务，还帮助租户公司获得大学以及研究所的技术咨询和合作服务，也帮助各租户公司之间协作开发新产品。

更重要的是技术中心可以帮助租户公司获得政府贷款或其他资金。另外，当创业失败时，创业者可以不必偿还贷款而离开技术中心。创业成功的企业应迁出技术中心而自立门户，让新的创业者来接受培育。一般租户公司可以在技术中心内停留3~4年，如果一两年内不见成效就意味着失败而要迁出技术中心。

美国佐治亚州的先进技术开发中心是由佐治亚理工大学创办的，建立于1980年。目前是为了促进佐治亚州的高技术产业发展，创造更多的就业机会。

因此，该孵化器以高技术范围内的租户公司为主要对象，它为租户公司提供租金低廉的办公、生产用房，还能提供行政文书管理等各种服务。此外，中心还为租户公司提供全州的技术资源和能力的信息、专门公司的研究报告及主要工业大学的研究信息。中心规定租户公司承租时间大约为1~3年。

我国的高新技术创业服务中心的概念，是在吸收了国外孵化器的作法，并结合中国国情后提出的。它是通过实施指导性管理，提供综合性服务和创业投资，为高技术中小企业的起步和发展，提供局部优化的环境。

疏通包括资金在内的必要渠道，扶植技工贸相结合的高技术中小企业和科技型企业家，培育有竞争力的高新技术产品，促进高新技术产业的形成。

1987年6月，武汉东湖新技术创业中心成立，这是我国第一家科技创业服务中心。随后，在全国范围内，陆续建立了一批高新技术创业服务中心。

武汉东湖新技术创业中心的指导思想是：充分利用武汉地区工业、科技基础，选择从事高新技术开发的中小企业进行"孵化"。他们的主要做法是：

（1）当申请企业进入创业中心时，中心对他们的资格进行审查，审查通过、上报批准后，由创业中心协助办理工商注册、银行开户等手续。

（2）企业进入创业中心后，中心以有偿方式向企业提供办公用房、科研试验场地、计算机、复印机和电话等通信设施。

（3）当企业运营中遇到了各种困难时，创业中心就想办法帮助它，如当企业遇到资金困难时，创业中心在对项目进行评估后，为它贷款进行担保；当企业项目开发过程中遇到了困难时，创业中心就为它牵线搭桥，介绍合作伙伴。

创业中心每月组织一次联谊会，把下属研究机构和企业的所长、经理召集在一起，商议一些共同性的问题并传达政策、通报情况。

创业中心的功能是随着企业的发展壮大、需求不断变化而逐步完善的。例如：在企业资金遇到困难时，创业中心与附近14家高校院所、企业及洪山区建行组成了洪山科技互助会。创业中心所属企业在中心的担保下，通过互助会可以得到所需贷款。由于有了这种融资方式，大大地缓解了创业中心下属各企业资金周转的困难，从而促进了它们的发展。

深圳科技工业园科技创业中心主要从事的工作是将科技成果、发明以及专利项目"孵化"成能批量生产的产品。其主要步骤为：

（1）对某项科技成果、专利和非职务发明成果，组织专家就成果持有人的素质及技术本身进行审查，并对项目的市场前景进行预测、分析。

（2）与成果持有人共同制订实施计划，以决定是否可立为创业中心"孵化"的项目。

（3）在中心立项后，创业中心则帮助成果持有人聘请有关的专家、学者就此成果的样品进行产品的开发和优化，并对所需的生产工艺及专用设备进行研究开发。在这一阶段中，创业中心必要时可为项目投入一定数量的资金，供研究开发之用。

（4）进行中试。这样的中试是以数量最少，品种齐全为原则，建立一条小型生产线，以验证各工序的运行情况及生产过程各环节的标准，为下一步现代化大生产做好准备。

（5）在创业中心的帮助下，寻找风险投资者，建成一个具有现代化内涵的小企业。

（6）待条件成熟后，进入科技工业园，形成大中型企业。

创业中心下属的是一些正在进行研究开发的项目。这些项目最终有成功的，也有失败的，因此创业中心在对项目进行初期投资时，就存在着一定的风险。经过几年的运转后，创业中心每年都应有企业从中"毕业"。

"毕业"时，企业一般都应是有独立经营能力、能够进入科技工业园、具有现代化内涵的中小企业。它们一般多是国营的或是合资的，创业中心可与"毕业"的企业有股份关系。

企业孵化器在我国的现状与发展

企业孵化器在推动高新技术产业的发展，扶植中小企业，以及振兴区域经济等方面发挥了巨大作用，目前已在全球得到高度重视和发展。

科技部高新技术司2001年10月的孵化器调查显示，在我国，孵化器及类似实体数量达465个，孵化器总投资133.5亿人民币，孵化场地占3336000平方米，在孵企业达15449个，毕业企业达3887个，创造了292000个就业岗位。

由此可见，孵化器体系的建立和完善为我国的高新技术企业的发展提供了一个广阔的舞台，对高新技术的产业化、区域创新体系的建设、区域经济的发展以及科研院所和大学科研成果的产业化都起到了积极的影响和作用。

经过10多年的发展，我国目前已建成525家各类孵化器，数量仅次于美国居世界第二位，并已形成多元化、多层次、官产学研相结合的孵化体系。当前，我国孵化器在表现形式上各有特点，可谓丰富多样。我国企业孵化器的发展方向如下：

1. 从综合性到专业化

从名称上就直观地反映出企业孵化器自身的发展轨迹。较早是以发展综合性创业园为主，针对国家提供扶植的、在未来有竞争力和极大市场的基础性行业，如信息技术、新材料、新能源、环境、生物制药等各种产业，为高新技术成果商品化、产业化在创业阶段提供孵化场地、开发条件、资金筹措、人才培育和指导性管理等综合服务。

创业服务中心是由各地政府、科委和高新技术产业开发区支持，面向社会开展服务的公益性科技事业服务机构。随后，在综合性创业中心的基础上又逐渐裂变出一系列专业性创业中心，其中软件孵化器近年来尤其引人注目。

2. 网络化与国际化

随着现代技术和产业的专业化分工不断细化，随着经济全球化的需求不断增强，孵化器在专业化的同时，向国际化和网络化拓展的要求也日益迫切。一方面，我国地区级的跨省区的孵化器网络已经建成，全国性的创业中心网络也在建设中。

另一方面，国际企业孵化器将进一步加深与海外孵化器之间的合作，目前已经建立了包括北京、苏州、武汉、上海、成都、西安、天津、重庆在内的8家国际企业孵化器，通过与国外孵化器的合作，致力于帮助中小企业拓展国际市场。

面向新世纪企业孵化器所肩负的使命也在发生变化，一是要把国外的企业吸引到我们的国际企业孵化器中来，二是要把国内的企业介绍到国外的孵化器中去，拿到国际市场环境中去孵化，真正培养出一批国际企业。

说到底孵化器的核心功能应当是资源整合，它必须把政府、产业、技术、资金等资源加以整合，并且接入到被孵化的对象上，才能完成它的使命。它需要不断探索创新，孵化器网络提出了孵化器之间、孵化器与其他机构之间的联合。

由于认识到孵化器对中小企业独有的吸引力，对经济生活的重要作用，政府给予了极大关注，其他像投资机构、中介咨询机构，产业界、研发组织也给予了相应的重视。关注、合作的有效方式就是形成网络，通过交流来实现不同利益团体之间的资源共享，推动孵化器产业发展。

3. 从政府行为到企业行为

办孵化器多年来更多是政府行为，由当地政府提供资金投入和相应政策支持，被孵企业在孵化期之内可以享受到环境、服务、税收等方面的一系列优惠政策，使创业风险尽可能降到最低。这就是所谓"创业园"模式。

一般来说孵化期不超过3年。企业的成长就像人的成长一样，不可能永远待在温室中。中小企业在创业初期往往非常脆弱，在真正的市场环境下，因为受各种因素的影响很容易夭折，但是经过3年的孵化成长，就必须接受市场的洗礼，否则企业永远也长不大。必须指出，在最初的起始阶段给予被孵化企业必要的保护是必要的，它使企业的成活率大大提高。

政府行为决定了创业园的非盈利性，当地政府往往从大循环考虑，经过选择，进入孵化器中的企业大多成长性非常好，毕业之后在当地发展壮大，为当地政府从税收、就业等方面带来巨大的回报。

尽管如此，创业园式孵化器自身仍然面临着对政府的依赖性的问题，在我国一些较大的创业中心（国家级创业中心）中，常常有超过100家的在孵企业，资金的压力很难回避。要解决这一难题，根本的出路在于孵化器本身由单纯的服务和管理模式向产业化模式转变。

创业中心纷纷尝试适应社会主义市场经济的运行机制，通过有偿服务逐步实现自主经营、自我约束、自我发展的良性循环，积极探索建立高新技术的风险投资机制。同时也催生了一种新的发展趋势，就是大企业自己办孵化器。

在国外许多大企业愿意到孵化器中去找项目，他们看到一些小企业有出色的项目就买过来，或者采取入股的方式、风险投资的方式等等，他们认为这种方式是成本效益最合算的，一些企业发现如果它自己办一个孵化器吸引外面的人来搞项目，往往会有意想不到的收获。在国内，大企业办孵化器将一种全新的动作模式带入孵化器产业，它使近年来我国孵化器产业由量的积累向质的突破迈出了一步。

正是这一步，从体现政府行为的高新技术创业园向体现企业行为的新型企业孵化器的突破，使孵化器概念成为一匹黑马，成为媒体共同关注的热点话题。

4. 新型孵化器的崛起

国内率先采取这种新型孵化器运用模式的大企业要数清华同方了。清华同方公司主办的清华软件孵化器与传统的服务型企业孵化器的根本区别在于，它拥有服务型企业孵化器所不具备的重大优势，如资本运作的优势、技术的优势、市场渠道的优势、品牌的优势，孵化器本身就是一种企业运作，直接目标就是获取高收益、高回报。

这种新型孵化器或者称之为企业孵化器，为大企业找到了一条通向市场的捷径，同时也为小企业找到了一条通向市场的捷径。

企业孵化器的功能与建设

1. 中小企业孵化器的功能

企业孵化器自诞生之日起，就将自己定在新兴企业"保姆"这个位置，并一直致力于扮演好自己的角色。根据世界各国企业孵化器的发展和提供的服务，企业孵化器通常为小企业提供以下服务：

（1）向新建小企业提供场地。这是企业孵化器的基本功能。场地包括办公、实验和生产用地。提供的房租要让客户负担得起，且搬进、搬出都很方便。

（2）为客户公司提供后勤服务。提供一系列共享的后勤服务，包括：收发文件和信件、办公室设备及家具、复印、文字处理与打印、计算机设备、商业图书馆、安全设施、库房、接待设备及接待员、会议室、电传电话、秘书工作、食堂以及孵化器场地的维修等。

（3）帮助企业家制定经营规划。企业孵化器向申请的小企业人员提供基本训练和一般性指导，帮助他们制定一份周密可行的经营计划。这也是企业孵化器筛选、考核申请进入孵化器企业的一个重要步骤。通过这一步，筛选出那些市场前景有相当把握的企业进入孵化器，以保证较高的孵化率。

（4）提供科研设备。进入孵化器的公司大多从事高技术的研究与开发。但他们一般都缺乏研究尖端技术所需要的实验设备。孵化器通常利用其与大学或科研机构的紧密联系，促使大学或科研机构向客户公司无偿或廉价提供科研设备。

（5）帮助解决资金。帮助小企业打通与商业银行和风险投资公司的联系渠道，建立孵化器自己的种子投资基金，或作为风险投资的代理人，为小企业进行资金担保，简化资金借贷手续，使财力资助更方便。

（6）帮助开发市场。通过孵化器与其他机构的联系，建立地区、全国乃至国际市场支持网络，帮助小企业开发新产品市场。

另外，还为客户公司提供律师和会计师等专业服务；为客户公司的职工，包括经理进行创业和管理技能等方面的培训；有步骤、系统地培养具有特色经营小企业的人才，即挑选可孵化的创业家；鼓励创建小企业的精神，树立成功创业家样板等。

依据孵化器的投资主体不同，孵化器的职能也各有取舍，但设立孵化器的根本宗旨是一样的，那就是为那些具有广阔市场前景和较高发展潜质的中小企业，特别是处于创办初期、急需扶持的小企业提供资金、形象设计、协调、专家和开发服务，使它们得到迅速成长和发展。

2. 企业孵化器的建立和运作

企业孵化器的目标是为经过挑选而进入孵化器的新建企业提供低价的生存条件和相关信息，帮助企业制定、评审、修订业务计划，组织必要的培训以提高创业者的各种技能，使新企业迅速成长，在几年内离开孵化器独立经营。因此企业孵化器一般至少必须具备包括生产车间、办公用的房屋和通信等办公设施及行政、经营专家和秘书人员在内的一系列条件。通常国外一个企业孵化器的发展要经历以下几个阶段：

（1）前期准备。这是一个烦琐而又复杂的过程，包括可行性论证、运营计划、引进人才等。这一阶段从决定成立孵化器并着手进行调研开始，到进驻办公场所开始受理企业进驻申请结束。

需要说明的是，优秀的管理团队是企业孵化器成功运作的核心和关键，因此开办前期准备阶段即应着手经营管理人才的引进和培养。一个成功的企业管理团队应该具有以下的标准：

管理人员平均年龄要年轻化，教育水平要高而且具有国际运作的能力；企业孵化器总经理聘请高素质、高水平、国际化的复合型人才，应能独立参加国际会议或交往活动，能熟练使用计算机和互联网，并有较强的公共活动能力和一定的国际经贸知识；全体管理人员应精通英语、企业经营、贸易和相应的专业知识。

为吸引和培养适应国际化运作的孵化器工作人员，可以通过国际猎头公司、外国企业孵化器、科学园区、国外商会、中小企业组织、留学生团体及驻华使领馆等机构和团体建立业务合作关系，互相交流信息，通过国际互联网发布招商信息。

（2）创业阶段。为了企业孵化器的生存，这个阶段着重是更快更多地吸收企业进入孵化器。可以适当多收一些已有一定效益的公司，同新办小企业相比，它较有把握交付租费。这时，孵化器与租户之间的关系类似于传统的房东和客户之间的关系。虽然也提供后勤服务，但很注重孵化器应有的管理咨询等服务。当租户公司占满了孵化器的场地之后，这一阶段就结束了。该阶段可能持续1~3年。

（3）业务发展阶段。该阶段孵化器基本实现了自身的收支平衡，至少是房租收取基本与维持生存的费用相抵。在这一阶段，孵化器一般开始与租户建立业务协作关系，参与管理，并逐步完善接收企业的步骤与企业毕业的标准与程序。

（4）成熟阶段。这个时期孵化器已经成长为一个盈利的服务机构，已经可以对各种租户公司提供很全面的管理咨询服务和完善的后勤服务；申请进入孵化器的公司数大大超过其接纳能力。这时，孵化器已有较严格的企业接收标准，以保证其接收的企业中，能力强的企业占较大的比例；已有明确的挑选程序进行孵化企业的周转；孵化器的收入来源不仅有租费，还有投资所盈利润、租户公司产品销售提成、管理咨询所得等。

3. 孵化器对企业的选择

（1）对孵化企业的选择。孵化器成功的标志是其孵化企业的成功。不同类型的孵化器毕业率相差颇大。美国的企业在孵化器中的平均入驻时间为2.2年。开办7年以上的孵化器平均年毕业企业3.1个，开办4年以下的孵化器平均每年毕业企业1.5个。因而，孵化企业的选择非常重要。在确定孵化器的形象、主要任务的同时，就要确定选择孵化企业的标准，并实施比较严格的接纳步骤，以保证自己的孵化质量。

我国的企业孵化机构（高新技术创业服务中心）对入驻企业有严格的入选标准，具体如下：

①入驻企业必须属于高新技术产业。按国家科委的火炬计划要求，高新技术产业包括微电子科学和电子信息技术、空间科学和航天技术、光电子科

学和光电一体化技术、生命科学和生物工程技术、材料科学和新材料技术、能源科学和新能源、高效节能技术、生态科学和环境保护技术、地球科学和海洋工程技术、基本物质科学和辐射技术、医药科学和生物工程技术、其他在传统产业基础上应用的新工艺、新技术。从事上述领域的产品研发、生产的企业可以申请。

②入驻企业要有开发、生产行为。申请入驻企业不能仅仅是一个咨询部门、中介部门或贸易公司。许多创业中心强调进驻企业应致力于科技成果的转化，要有生产行为。所谓生产行为包括零部件的生产、整机组装、总体调试、检测或是整个的生产过程。

③入驻企业要有成长潜质。新建小企业尽管整个生产过程未能独立，都要与外界协作，但是如果企业具有很高的发展性和市场前景，企业的开发项目技术含量高，有批量生产的前景，有市场潜力；企业有较强的技术开发实力，能够不断地开发出新产品；企业的领导人进取心强、有志于规模发展，则同样可以申请入驻。

④入驻企业要能符合创业中心的基本条件。创业中心承载入驻企业具有一定的容量，只能为入驻企业提供一个优化的共享环境，不可能满足每个企业的需求。企业应适应创业中心提供的条件如供电量、供水量、楼板负荷、噪音与污染标准、允许设备高度等，超出条件限制的企业是无法接纳的。

4. 企业入驻的申办程序

满足以上条件的企业，可以申请入驻创业中心，其审批程序一般是：

（1）申请。符合条件的企业可以向创业中心提交申请，申请包括兴办企业的基本情况，如技术水平、项目开发状况、市场前景、法人情况等，以及对创业中心的要求如用水量、用电量、场地面积、楼板承重等。

创业中心一般备有"入驻指南"，供企业查询。"入驻指南"中写明了创业中心的性质、任务，对入驻企业的要求如申请需提交的文件、租金标准等入驻条件，都有明确的要求。

（2）评估。接到申请者提交的材料，创业中心将组织专业人员对申请企业进行评估，主要包括以下方面：

①技术评估：项目属于高新技术门类；科技成果较为成熟；科技成果不能有知识产权纠纷。

②经济评估：包括资金评估，即申请者有无适当的注册资金，有无补充资金渠道；财务评估，评审企业的财务规划，项目投产后的年产值、利润计划；无形资产评估。

③市场评估：评估拟开发产品的市场需求，销售渠道及价格情况等。

④法人评估：了解企业法人的简历、在项目开发中的作用、管理能力、人的品质等。法人评估的方式一般为面谈及向其原任职单位进行了解。

（3）签约。经过评估后，获准入驻的企业和创业中心签订协议。协议文本一般包括孵化协议书、房屋租赁协议书、安全责任书等。双方签约后，申请方照章付费，创业中心将场地交付使用并提供相应服务，入驻企业便开始正式运营。

（4）毕业。创业中心的主要任务是对新建的科技型小企业进行培育扶植，包括场所、管理、融资、通讯等方面的帮助。当企业度过初期，开发、生产和经营已经步入正轨，有了自主经营的生存能力时，就需要离开创业中心，以扩大企业规模，让位给另一些新建的小企业。因此，入驻企业要有一个"孵化期"，即经过一段时间后，企业要从创业中心"毕业"。

国内外的企业孵化器或创业中心没有一个严格的企业毕业标准，国内创业中心一般从以下几个方面考虑企业能否"毕业"：

①孵化时间。一般认为3~5年为宜。一项科研成果转化成商品需要一个漫长的过程，产品推向市场获得反馈后，产品要不断完善，企业内部管理不断完善，这一般最少需要2年左右的时间。

国家科委在《关于对我国高新技术创业服务中心工作的原则意见》中指出，"创业中心对接收的企业，通过3年左右的孵化，应使其必须离开孵化场地。自主经营、自我发展，以便再接收新的孵化企业。"在实际运作中，一般将"孵化期"规定不超过5年。

②成果商品化。企业在孵化期内完成科技成果的转化，制成样机或样品。企业内的技术人员在完善产品的过程中对市场有了进一步的认识，有能力开发新产品或其他新产品，使企业得以不断有新产品投入市场，实现成果商品化。

③相对稳定的市场：企业离开创业中心之前，应在某一行业或工业内有一定的知名度，其产品的销售有比较固定的渠道，销售网络初步建立。

④管理完善。企业领导人对所从事的技术、经营领域相关的法律法规比较熟悉。企业的各项制度，包括财务制度、用工制度等都建立起来了，制定了切实可行的企业发展计划。

⑤资金充裕。经过几年的运转，企业应有资金积累，可以扩大生产规模，或者有一定数额的固定资产可用于抵押贷款，或是具有有效的筹资渠道，为规模发展准备好条件。

企业孵化器的体制分析

我国在孵化器的试验、实践中，孵化器从初期单一的政府出资发展到多种投资主体纷纷介入，特别是进入20世纪90年代中后期，这种趋势更为明显。

随着不同性质和类型的投资主体参与到孵化器的建立中，孵化器从起初只赋有单一功能、只提供简单服务、只作为事业单位发展到了具有多种功能或专业功能、提供多层次大范围服务，并且很多孵化器特别是新建的孵化器有限责任公司已不再是事业单位的身份和功能。企业孵化器发展到今天，已经出现了多种不同类型的孵化器。

从孵化器的投资主体分，可以分为政府投资型、企业一元化投资型、大学或研究机构投资型、社会团体投资型、私人或民营企业投资型、混合投资型等。不同的创办主体有着不同的特性，不同的产权结构特点决定了企业孵化器的不同性质和运作机制。

1. 孵化器的投资主体分析

（1）政府创办的企业孵化器。政府创办的孵化器以各个地区的创业服务中心为代表，它不是独立的商业模式，往往只是本地区内的开发区的一个部分，作为开发区企业提供科技成果转化等职能，是政府职能部门，是贯彻执行国家和地区政府法规的最直接手段，它追求的主要目标是良好的社会效益，是政府行为，在此基础上促进社会经济的发展。

政府创办孵化器，是希望通过孵化器这种形式改善就业环境，促进高新技术产业发展，孵化出更多的成功企业，增加社会的就业机会，最终促进经济发展和社会的稳定。因为这类企业孵化器背后有直接的政府支持，所以并不讲求直接的经济效益。

目前，中国大部分创业中心都属于这种类型，如北京创业中心、天津孵化器等。这类综合性科技企业孵化器面向所有高新技术领域，为科技成果转化和新办科技型企业提供场地、设施、相关服务，以及培训和咨询指导，组织开展创业投资活动，推动"技术—资本—商品"以及"研究单位—企业—市场"的有效结合，培育前景好的高新技术企业和企业家。

（2）大学创办的大学科技园。这是专门支持发展大学学生或职员所创办的企业，这样的孵化器能够以该大学或研究机构特许的高新技术为基础，或以开发出来的工艺、仪器或计算机技术为基础。

以这些技术、智力资源、信息资源和研究开发条件为依托，创办或扶持相关企业的发展，从而缩短科技研究成果商业化的周期，成为促进高等院校研究成果转化和企业孵化的另一种有效形式。

这类孵化器还能利用大学或研究机构的科研优势和人才优势，是各国大力发展企业孵化器的突破口。我国这种类型的科技园有清华创业园区、北大创业园区等。

（3）私人或投资商创办的企业孵化器。主要由风险资本家与种子基金投资集团、"天使"投资人创办，也有大企业和房地产商合伙办的。

这类孵化器具有更强的盈利性，主要向客户公司、新技术的应用和技术转让等进行投资，以赚取高额利润，并通过开发工业性与商业性房地产使其产生增值作用，从而达到盈利的目的。

实际上这种孵化器的创办已经是典型的市场行为，因为对于私人投资者来说，已经将孵化器看作一个企业———一个培育企业的企业，通过孵化器经营达到投资回报的目的。孵化器自身必须考虑生存和发展问题，投资主体要进行投资受益分析。

这类孵化器的出现，使得孵化器成了真正意义上的商业模式。如今在我国，孵化器这种商业模式越来越受重视，已经出现一些以私人或者社会团体投资的企业孵化器。

（4）大企业（产业）创办的孵化器。作为大企业创办的孵化器或类孵化器机构，主要是寻找更多的企业效益增长点，在企业内部培育创业精神，鼓励创业实践以促进、营造与中小企业抗衡的创新竞争能力和企业的创新氛围，激发内部员工的创业热情，促进核心业务的发展。

大企业认为在企业内部创建小企业或成立独立实体时，个人和小组的加入就很容易，企业可以像投资银行和共同基金一样在其中建立股份；独立的、高度分散的、小的单位组织利用统一的目标、集中的网络和共享的信息，可以成为在一个复杂环境中进行自我创新、自我成长的创新体系。

国外如HP、3M、IBM、雷化学公司等都有企业自创的孵化机构，国内的联想公司也正在筹建孵化器。这类孵化机构一般由企业独家出资兴建，投资主体单一。

（5）科研院所创办的孵化器。以该研究机构特许的高新技术为基础，或以开发出来的工艺、仪器、设备或计算机技术为基础，然后以这些技术、智力资源、信息资源和研究开发条件为依托，为全体职员提供科研的机会，并给职员和相关的组织和社会人士提供创办企业的机会，如此能够大大提高科研院所的各种资源的利用效率和成果转化。

例如北京微电子设计企业孵化器的创建，就是北京自动测试技术研究所和北京微电子技术研究所联合其他投资机构而设立的。

（6）国有企业创办的孵化器。国有企业创办孵化器是利用国有企业的各种资源，如厂房、设备等条件，在企业内建立的孵化器，是大企业建立孵化器在国有企业中的有益尝试。

目前，北京的国有企业创办孵化器建设进入起步阶段，已经建成的孵化器有北京制造业高新技术产业孵化基地、北京崇熙孵化器、北京诺飞科技孵化器等一批国有企业创办的孵化器，它们都按照公司制运行，并已取得初步成效。

（7）国际企业孵化器。国际企业孵化器是在综合性科技企业孵化器基础上的发展和提高，是创业中心二次创业的一项重要内容。它提供具有国际水平的基础设施和服务环境，通过优质的服务以及海内外广泛的工作网络和信息，一方面引进国外的中小科技企业、研究开发机构和科技成果，帮助其与中国企业合作，开拓市场、共同发展。

另一方面为我国的中小科技企业和大企业的研究开发机构进入国际市场、拓展国际业务提供服务。目前科技部在联合国开发计划署专家的帮助下，已批准建立了北京、苏州、重庆、成都、武汉、天津、上海、西安等8个国际企业孵化器试点单位。

（8）留学生创业园。为吸收优秀的海外留学人员归国创业，我国建立了面向留学生的孵化器。在科技部、教育部、人事部的共同努力与支持下，目前已经在北京、上海、苏州等地建立了25个依托创业中心的留学人员创业园。留学生创业园基本上是由国家投资。类似留学生创业园的还有软件园等专业组织。

另外，还有网络企业孵化器（虚拟孵化器）、流动孵化站等。

2. 孵化器的产权结构

经济学中所谓的产权，通常的解释是，资源稀缺条件下人们使用资源的权利，或者人们使用资源的适当规则。利用这种权利，可以自由选择一种对特定物品的合作方式，包括对财产的使用权、转让权以及和这两种权利相关的收益权。

不同的产权主体有不同的偏好。在使用资源的权利时会表现出各自有别的倾向性。通常所说的所有制概念，是指构成产权的权利没有被分散，而是完全集中于同一主体的产权制度，这是对产权制度的初始规定。当产权经过交易后，构成产权的一组权利部分或全部转让将改变初始的产权结构，并由此改进资源的配置。

我国孵化器，尤其早期建立的创业中心的典型产权特点是，政府作为等级组织对其进行直接管理。创业中心基本上不存在是否具有市场合法地位的问题，因为企业的投入和产出都由政府直接控制和协调，孵化器的产权由政府独家拥有，产权制度高度集中。

创业中心也不具有一般企业的含义，它的投入产出不经由契约关系与市场联结，创业中心拥有的权利不足以使它成为自主经营和发展的独立实体。其他投资主体都被严格地排斥在外，根本没有和政府交易孵化器产权的权利，甚至连可能性都不存在。

政府是唯一的投资者，拥有完全的产权，这在市场经济体系中被指责为低效率。但必须指出，创业中心这种政企合一的等级组织并不一定等同于低效率，关键在于它所处的环境性质。

当创业的环境或市场很薄弱甚至尚未建立的时候，现代性质的企业还不能够发挥作用时，创业中心就必须由政府创办，尤其是当创业中心直接提供管理和服务的在孵企业数量还是政府直接管理的理性边界之内时，政企合一的组织体制就是有效率的。这种体制特点可以很好地解释创业中心十几年来所取得的丰硕成果。

但是，一旦在这种组织体制下成长起来的生产力规模和生产的复杂性超出了政府直接管理的理性边界，体制效率的急剧下降就必然发生。此时，通过改革改变原有的体制组织形态就成为必然，这就类似于我国其他经济改革的发生背景。

创业中心引入市场体制改革的首要目标，因为市场是大量交易活动进行中最能降低费用、最有效率的体制组织，创业中心只有与市场建立联系，并且推进市场化进程，才能转变成真正的企业，政府在这个过程中才能实现真正的职能转变。对创业中心的产权改革，特别是对转让权和收益权的重新安排和处置，将是决定创业中心未来发展的最重要的因素。

3. 孵化器的公司治理结构

以孵化器的产权界定为出发点，来分析孵化器的公司治理结构是研究孵化器体制组织和机制运行的重点。孵化器的公司治理结构是指孵化器内部组织机构和权利分配的制度安排，体现现代公司的普遍特点，具有以下的产权特征：

（1）所有权和控制权相分离，公司不再由股东所控制和经营，而由股东大会选举产生的董事会授权总经理去经营管理。

（2）财产权的可分割性，表现在财产不再完整地归于一个主体所有，而是不同的利益主体所有。

（3）产权可以自由转让，具备市场的可交易性。

（4）产权的有限责任性，公司以全部财产对外承担有限责任。

（5）产权的法人性，公司以法人财产为基础，在法律上享有与自然人相同的

孵化器作为现代企业的一种，在产权界定的前提下，同样应该体现现代公司的产权特征，孵化器的治理结构应该具有如下特征：

（1）权责分明，各司其职。孵化器内部组织系统由权利机构、决策机构、监督机构和执行机构组成，各个机构的权利和职责都是明确的。

股东大会是公司的最高权力机构，代表公司产权的所有者对公司拥有最终控制权和决策权；董事会是公司的经营决策机构，对股东大会负责，执行股东大会的决议；监事会是公司的监督机构，对股东大会负责，监督董事会和经理的行为：经理是公司决策的执行者，对董事会负责，在公司章程和董事会授权范围内行使职权，开展公司日常经营活动。

（2）委托代理，纵向授权。在孵化器中，各组织层级之间是以委托代理关系来维持的，这种委托代理关系是由法律法规规定并予以保障的，体现了一种平等的法律关系，而不是行政命令和服从的上下级关系。

股东大会作为委托人将它的财产交董事会代理，同时委托监事会予以监督。作为代理者，董事会又将公司财产委托给代理层代为管理。从经理到员工，也可能存在若干层次。这些委托代理关系是以劳动契约为界限的资、权、利和股份的关系，在法律框架内严格实施。

（3）激励机制和制衡机制并存。代理中往往存在信息的不对称性问题、主要相关人员的道德风险和逆向选择的问题，所以就有了激励机制和制衡机制的必要。委托人通过制定激励机制，包括货币激励（指物质利益和物质报酬）和非货币激励（指名誉激励和职位消费），促使代理人以最大的努力实现公司价值提升，同时以制衡机制制约代理人的不良行为。制衡关系存在于股东与董事会之间、董事会与高级经理之间、监事会与董事会和高级经理之间。公司外部充分竞争的经理市场的存在为这种制衡机制提供了前提条件，通过竞争，可以选择最优秀的管理人才。

案例：高科技企业创业的典范

天津爱德公司成立于1987年，是一家从事计算机系统工程硬、软件的开发和微机局域网络、CAD、CAM推广技术的高科技公司。公司以天津师范大学为依托，由创办初期的5000元资产发展到如今以天津爱德实业总公司为龙头的下属6家独立实体的中型科技型企业。

危机感是企业发展的动力

危机的含义就是危险与机会并存，企业面临生存危险，同时也带来了发展的机会。爱德公司从成立至今就是在不断地战胜各种艰难险阻的过程中获得发展的。随着计算机技术的普及及应用，计算机市场上的竞争越来越激烈。

在强手如林的国内计算机市场竞争中，爱德公司作为一名名不见经传的小企业，深知企业本身随时都有可能被那些大企业吃掉或挤垮，但同时也知道只有在某一方面寻求突破，凭借自身特有的优势才能在计算机网络技术领域开拓出锦绣前程。

早在1990年，当那些大公司还在多用户系统上做文章的时间，爱德公司已初步地掌握了计算机网络技术，同时密切注意国内计算机市场动态，见缝插针。当国内股票交易所刚刚出现的时候，就抓住计算机股票交易系统这一新的课题做文章，投入公司全部的技术力量开发"股票交易系统"，在天津率先推出证券股票交易系统，应用在天津证券交易所。这是继深圳、上海之后第三套实用系统。

当大公司意识到"股票交易系统"这一市场后，爱德公司又及时转入对"期货交易系统"的研制与开发。1993年公司先后承接了"天津纺织原材料交易市场计算机交易系统""天津（北洋）钢材交易所计算机网络系统""成都金属交易所""北方木材批发交易中心计算机系统"等数个国家级大型计算机网络系统工程。公司转战南北，在多次投标中击败实力雄厚的大公司，打出了自己优势。

在承接一系列工程的过程中，认识到每一次工程的成败都维系着公司的生存和希望，公司唯一的选择就是不惜任何代价，把这些工程按时、按质完成。每完成一项工程都是企业战胜了生存危机，使企业向前发展了一步。1993年公司一年实现营业额1800万，人均创利5万元，人均创税3万元。爱德公司在激烈的市场竞争中得到了锻炼，也得到了发展。

同时爱德公司的发展也得益于良好的外部环境。公司的运转有其高度的自主性，同时也是建立在"自筹资金，自愿组合，自主经营，自负盈亏，自我约束，自我发展"的基础之上。企业发展的关键是企业对自己的行为负责。

1990年爱德公司引进了国外VST系列微机。这种微机在国内市场较受欢迎，但存在产品性能单一、价格偏高的问题，产品急待二次开发。按照常规，其开发费用巨大。由于公司没有上级单位拨款，能用的只是自有资金和自筹资金，因此摆在公司面前只有一条路，那就是花最少的钱，办最大的事。

通过几年的艰苦努力，该产品已在国内市场站稳脚跟，其性能和可能性达到国外名牌机水平，而价格只是这些名牌机的60%~70%。在1995年全国第十六届计算机京交会上该产品荣登龙虎榜，排在新加坡一家大公司之前。

良好的企业内部机制是企业发展的保障

一个企业要发展，必须要有良好的企业内部机制做保证。爱德公司作为一家新兴的高技术企业，必须突出一个"新"字。爱德公司的发展表明，办好企业必须在用人方面做出突破，应该大胆起用新人、能人和在某一方面学有专长的人。

一句话，选用人才应该不拘一格。公司软件工程部经理石冬是个大学毕业仅仅2年的年轻人。公司发现石冬在计算机软件方面的专长，就让他和其他同志共同承担"证券交易系统"的开发。他果然不负众望，在不到半年的时间里就完成了任务，受到用户的好评。在这以后他又在其他大型的软件工程中立下了汗马功劳。像石冬这样的年轻人，公司还有许多，他只是其中的一位。爱德公司人员的平均年龄只有30岁左右。

公司生存发展的前提是市场

在占领市场，赢得用户方面，爱德公司的经验是"服务"。"服务"是打开市场的一把钥匙。

某日清晨7点钟，美国一家在天津开办产品展览的计算机公司将电话打到爱德公司。通话后得知接电话的就是公司经理时，他们感到遇到的不只是一个既懂业务，又认真负责的经理，而是看到了这个企业重视服务的精神。

于是他们在赞扬之余，向爱德公司免费赠送了展品。从这件小事可以看出，爱德人懂经营，会经营。如果客户有问题的话，在24小时任何时间拨通爱德公司的电话号码，都可以听到亲切的问候；如果客户有需要，也会享受到周全的售后服务。

爱德的生意多数是靠优质周到的服务吸引来的。渤海石油总公司地处远离天津市区的塘沽，有一天晚上10点多计算机出了故障，他们抱着试一试的心情给爱德公司打了求援电话，深夜12点钟爱德的技术人员赶了60多里路，到那里为他们排除了故障，保证了计算机的正常运转。

爱德公司不但重视售后服务，还十分重视售前服务和售中服务。到目前为止，公司已向社会免费举办计算机技术培训班80多期，培训了2000多人次。每期培训费1000元左右。但公司认为这样做值得，既为社会培养了人才，也在教与学过程中联络感情，许多业务的成交都是在师生间达成的。

爱德公司服务的原则是想用户之所想，在某些时候，宁肯牺牲自己的利益也要使用户的风险减到最低。工程方案通过合理设计以后，设备的安装调试和人员的上岗培训等一揽子工程全由公司包下来。这样一种共担风险的办法，将公司与用户的利益捆在一起，使用户在合作的基础上进而产生一种安全感，所以，愿与爱德公司打交道的越来越多，公司的信誉逐步确立。

公司发展的动力是投入

"科学技术是生产力"，当一个企业从低水平的竞争向更高水平竞争攀升时．这一点尤为重要。保持企业经济立于不败之地的关键是与同行相比企业有先进的技术王牌。在科学技术迅猛发展的今天，信息革命的结果，将会给计算机技术的应用提供广阔的市场。

爱德公司深刻认识到科学技术在现代生活和经济活动中的作用，因此，他们将本企业发展的重点定为计算机技术应用这个关键环节。为了牢牢把握这个关键，并在这个领域中发展，公司十分重视高技术在发展中的作用，重视把科研成果转化为商品。

总经理刘长利说："知识不转化成技术，等于空谈；技术没有变为商品，纯属白干！"本着这个宗旨，爱德公司在促进技术转化为商品，尤其是计算机技术转化为企业生产力的过程中，舍得下本钱投入，并发掘技术资源，使得高技术成为推动公司发展的强劲动力。

在这方面，爱德公司将年利润的10%，作为技术储备和新技术开发的资金，以此来保证公司的技术时刻处于领先地位。美国专家在北京开办PIC产品信息培训班，讲授国际先进的产品销售技术，但学费高昂，三天的课程要6000元的培训费。全国众多的企业中"认头挨宰"的寥寥无几，但爱德公司却认为这是一种正常的投入，为保证技术领先，花钱再多也值得。

因此，他们交足培训费，派人参加了学习，成为全国10家获得国外标准证书的企业之一。几年来，爱德公司在技术投入方面累计已达100多万元。

高投入换回来的是高效益，爱德公司利润的60%~70%来自技术开发。

1995年初，爱德公司承接了"北方技术交易市场"计算机网络系统和软件系统两个工程，该工程技术难度大，工期短，如果采用常规数据库开发，其业务流程无法在计算机上实现。

例如，查询系统应在几秒钟内对数十万条信息查询，并给出查询结果。由于爱德公司掌握了SYBASE数据，使这一难题，得到圆满解决。该系统投入运行后受到用户的高度评价，在此之后公司又承接了天津新技术产业园区"税收管理系统""天津汽车公司物资管理系统""全国第一家农业技术交易市场"几项工程。

跨入新世纪的爱德公司，积极调整自己的经营战略，正以一种蓬勃的姿态，迎接来自国际市场的挑战。

高科技企业投资的成败，就在于它是否能随时了解和及时调整对环境条件变化的适应能力，也即它所具有的应变思维能力大小。为了能做好了解和调整工作，不仅要在企业和环境之间建立起有效的、直接的信息联系，而且对于潜在的变化领域也必须不断地进行积极的研究，使企业在未来的投资环境中能应变，并从中抓住企业经营瞬息即逝的机会。能动地改造内部环境，形成有利于投资活动的"场"和"势"。这样，企业才可能走向辉煌。

图书在版编目(CIP)数据

二次增长：企业如何破茧而出 / 吴海青著. —

北京：中华工商联合出版社，2020.12

ISBN 978-7-5158-2934-0

Ⅰ. ①二… Ⅱ. ①吴… Ⅲ. ①企业管理 Ⅳ.
①F272

中国版本图书馆CIP数据核字（2020）第 227010 号

二次增长：企业如何破茧而出

著　　者：吴海青

出 品 人：李　梁

责任编辑：李　瑛

封面设计：冬　凡

责任审读：付德华

责任印制：迈致红

出版发行：中华工商联合出版社有限责任公司

印　　刷：三河市燕春印务有限公司

版　　次：2021 年 10 月第 1 版

印　　次：2022 年 4 月第 2 次印刷

开　　本：710mm×1020mm　1/16

字　　数：159 千字

印　　张：12

书　　号：ISBN 978-7-5158-2934-0

定　　价：38.00 元

服务热线：010 — 58301130 — 0（前台）

销售热线：010 — 58302977（网店部）

　　　　　010 — 58302166（门店部）

　　　　　010 — 58302837（馆配部、新媒体部）

　　　　　010 — 58302813（团购部）

地址邮编：北京市西城区西环广场 A 座

　　　　　19 — 20 层，100044

http://www.chgslcbs.cn

投稿热线：010 — 58302907（总编室）

投稿邮箱：1621239583@qq.com